系统论与作战复杂性

王精业 编著

黄河出版社

序　言

　　2000 年，我给博士生开设了复杂性及复杂系统的课程，目的是使博士生掌握研究作战的新的理论和方法。教学中认识到系统科学是复杂性研究的基础，复杂系统首先是一个系统，它是诸系统中最难研究的系统。依据几年的上课讲稿、同行专家的研究和自己的研究，形成了本书的主要思路，即系统科学，复杂系统，作战复杂系统的有关理论，描述了从原理到一个具体的复杂系统——作战复杂系统的认识过程。

　　由于研究尚不够深入，本书只对上述问题的基本原理和研究的基本方法加以论述，集中在作战复杂系统的表现及其研究方法方面。有关作战复杂性产生的根源，还没有写入本书。

　　对作战规律的认识，军事理论家、军事史学家、战略、战役、战术的各个层面的理论家和作战指挥员都有过大量的认识和研究成果。但是对未来的预测，对于一场具体的作战，它从开始到结束怎样的演化，还无法得到普适性的预测规律。优秀的作战指挥员，尤其是战略家，对战争的起源，历经的阶段及规律做出了与后来现实十分一致的预见，但是一般人却不易做到这一点。作战发生之后，每一个阶段，每一个局部的作战行为，何时发生，有什么结果，事先也十分难以预料，几乎不可能给出准确预报。对战争现象的认识面临诸多的困难，更何况中国已有几十年没有发生大规模的作战，这就是今天研究作战的人员努力地寻找新的研究理论和方法，十分关注作战的复杂性的原因。

从事作战和保障仿真的研究人员，要想把仿真做好，首先对被仿真的对象要研究清楚。作战是人设计的，仿真系统也是人设计的，但这两个系统从本质上看是完全不同的。仿真系统有超现实性，它会产生很多被仿真对象没有的现象，它只在一个较小的域中和现实有相似性，正是依靠着这种相似性，运用仿真系统对现实问题进行研究。但是作战的复杂性给作战和保障仿真带来了巨大的困难，这就是仿真的结果是可以相信的吗？是可以用于指挥作战吗？是可以指导军队的建设吗？是可以用于装备的发展研究吗？所以从事作战和保障仿真的人们面临着危险和挑战，这也成为从事这项工作的人们将眼光放在作战复杂性研究的重要原因。

涉及复杂性的研究成果，很多是中国学者的贡献，本人的研究仍十分肤浅，因为教学的需要，出此一书，供大家参考，不对之处，欢迎读者指正。

王精业

2006 年 7 月 7 日于卢沟桥畔

目　录

1

第一章　系统论的基本概念

系统科学是以系统现象、系统问题、系统规律为研究对象的科学。一切系统共同具有的特性称为系统特性，系统科学首先研究的是一般系统的理论，它是我们研究复杂系统，尤其是研究作战复杂系统的基础。

上世纪后五十年代至今，众多的科学工作者提出了对真实客观世界的一种科学的抽象——系统。广大的科学工作者在这样的认识基础上，创造了一门新的科学——系统科学。钱学森给出了它的结构，依照他的科学结构的三层次观点，即由基础科学层，技术科学层，和工程技术层构成的一门科学的体系结构。系统科学中基础科学层为系统学；技术科学层次有运筹学，控制论，信息论；而工程系统层次有系统工程，自动控制技术，信息技术[1]。这些理论从系统的观点为我们研究作战问题提供了有力的工具，对作战的各种系统性的表现，作战中的全局与部分，作战编成与作战效能，作战与环境，对抗与联合，过程与目的，时空阶段的衔接，作战样式的转化，以及开局、布势、优化、预测、评估、指挥、控制、收局、结束和作战过程中信息的产生、运用等系统问题，有了定性、定量的研究理论和工具。

1.1 系统及其相关的概念

1.1.1 系统的概念

目前多数学者对系统（system）的定义都采用一般系统论（general system theory）的作者贝塔朗菲（L. V. Bertalanffy 1910—1972）1937 年给出的定义，"系统是相互作用的多元素的复合体"[2]。苗东升译为"系统是相互联系，相互作用的诸元素的综合体"[3]。钱学森同志给出的定义是"系统是由相互制约的各部分组成的具有一定功能的整体"[4]。

系统的概念不是突然产生的，现代系统论是在历代中、西方系统思想发展的基础上构建出来的。正如贝塔朗菲所说："应把它看作与人类思想史发展的一种现象"，中国古代传统系统思想在现代世界得到格外地珍视，被看作智慧的源泉。

定义 1.1 系统

如果对象集合 S 满足以下两个条件：

1）S 中至少包含两个不同的对象；

2）S 中的对象按一定方式相互联系在一起。

则称 S 为一个系统，称 S 中的对象为系统的元素[3]，记为

$$S = \langle A, R \rangle \tag{1.1.1}$$

A 为系统中全部元素构成的集合，称为元素集合，元素是构成系统不可再分的最小部分，是系统的最基本的单元。

R 为元素中的关系的集合，称为关系集合，若 r 为元素

间的关系，则 R 是 r 的集合。

从上面的定义，我们认为：系统是由元素集合和关系集合共同决定的。

作战系统是由作战系统中的元素和元素之间的关系构成。作战系统中的元素可分为作战人员和参战武器装备。作战人员有参战双方的指挥员、参谋、各种专业的军官和士兵，也包含动员参加作战的非军职人员，各种装备的专业技术人员，装备和后勤的保障人员。涉及国与国，集团与集团的战争，从双方的政府、军队和民众都会涉及到战争，因而都是作战系统的元素。装备是指"用以实施和保障作战行动的武器，武器系统和军事技术器材的统称"[5]，主要指武装力量编制内的武器、弹药、车辆、机械、器材、装具等。这里提到的武器系统是作战系统中的子系统概念，后面还要描述。所以作战系统的元素集合包含参加人员的集合和武器装备的集合。元素间关系是既指参加作战双方的对抗和妥协关系，参战每一方内部的关系，包含有上下级的指挥关系，相互的联合、协同、合同关系，隶属、加强、配属、支援关系等等。关系中有人与人的关系，有人与装备的关系，装备与装备的关系，所以作战系统无论是战争、战役，还是战斗层次，它们的元素是巨大的，关系是复杂的。

根据系统的定义，我们对系统的基本特性做一些深入的分析和说明[3]：

（1）组成系统元素的多元现象：最小的系统由两个元素组成，称为二元素系统，一般是多元素系统，含有无穷多元素的系统为无限系统。元素既可以是实物，也可以是人们认知中抽象的概念，元素之间是相异的，是可以区别的。

作战系统是一个多元素系统。最小的系统是红蓝方各有一个作战人员，进行赤手空拳的格斗。实际上我们要研究的作战系统，远比上述系统要大，但都是有限元素的系统，它是多军种、多兵种、多种装备的一个可知数量的系统。每一个元素相互之间是可以区别的，同一型号的飞机，它的编号不同；同一型号的舰艇，它的舷号不同。每一个作战实体都是有源的，相异的，有历史的，这也是作战系统与其他系统有所区别的地方。

（2）系统元素之间的相关关系，也称为相干性：系统中不存在与其它元素无关的孤立的元素，系统也不可能划分出若干孤立与其他毫无关联的部分。所有的元素都按照该系统特有的、足以与别的系统相区别的方式彼此关联在一起，相互依存，相互作用，相互激励，相互补充，相互制约。差异而不相关的事物构不成系统。系统中元素的相关，有两两相关，也有超过两个元素，更多的元素相关，元素之间的关联是系统"生命力"的源泉。

作战系统中没有孤立的元素，即作战系统中元素中的参战人员，没有一个与四周都毫无关系的人，没有与其他人无关的人，没有与装备无关的人；也不存在与其他装备无关，与人无关的装备。作战系统也不能划编出永远与其他部分无关的部分。

系统中的元素关联有的十分紧密，有的只是一般的关联，有的相互之间疏远。如装备与掌握该装备的作战军官和士兵，他们的空间位置始终是相同的，他们是相互依存的。同一方的各级指挥所是相互作用的，情报和火力相互激励的，直瞄和间瞄装备相互补充，陆、海、空、二炮各军种相互联合，各兵种相互协同。敌我双方相互对抗，克制，杀伤，欺骗，他们不仅两两相关，有多个元素，多个部分相互

4

相关，构成作战的演化的复杂过程。

（3）系统的整体表现：即系统由它的所有元素组成统一的整体。凡系统均有整体的形态，整体的结构，整体的边界，整体的特性，整体的状态，整体的行为，整体的功能以及整体的空间占有和整体的时间展开，即共时空的演化。

作战系统的整体性表现在作战双方的严密的结构，有着整体作战能力的特性，表现出完整的部署和态势，有着整体的机动、侦察、火力打击等行为。它有着明显的系统边界，它表现出作战系统的整体功能——解决政治上的争端，是政治斗争的继续。作战在一定的地域空间，在一定的时间发生，并经过演化到作战结束，作战系统的演化是时空中的演化。

定义 1.2　非系统

对象集合 N 如果满足以下两个条件之一，则称 N 是一个非系统[5]。

（1）N 中只有一个不可再分的对象；

（2）N 中的不同对象没有按一定方式联系在一起。

非系统分为两类，一是仅有一个不可分的对象，二是对象集没有联系成整体。严格意义的非系统是不存在的，但是科学上承认非系统概念的合理性，如果有的群体中的元素联系微弱，可忽略这种联系，也可看成非系统。

只有一个作战成员，或只有一种装备，它们不是作战系统，因为没有作战对象，装备没有人来使用，这都是非系统。如果甲方或乙方都有各自的作战人员和装备，元素的数目远远大于1，但甲乙两方没有作战，没有爆发任何一种军事的对抗行为，没有敌对作战的联系，它们也不是作战系统。这里要说明的是，这个界限不易把握，甲乙两方虽然没有宣战，但两方的敌对已经形成，政治、外交的斗争已经十分激烈、尖锐，不明显的隐蔽的军事性的对抗、磨擦时有发生，情报斗争，电磁斗争已经展开，双方已有作战的准备，从政治上看，没有宣战不是作战系统。在实际的研究工作中可以看成是一个作战系统，因为它们之间已有一定的方式联系在一起了。

现实社会中系统是绝对的，普遍的，非系统是相对的，非普遍的。一切事物都以系统方式存在，这是系统科学的基本信念。

1.1.2 系统的结构与子系统

系统研究中重点是将元素连接起来的关系，这种关系是系统成为统一体的原因，这就是系统的结构具有重要地位。

定义 1.3 系统的结构

系统的结构（structure）是元素间的一切联系方式的总和，也称为系统把其元素整合为统一整体的模式的总和。

结构是元素的关联方式，关系集 R，就是结构的数学描述。只有给出了元素集和结构，才算给定了一个系统。

有的学者把结构定义为元素和关系，也就是把结构和系统认为同等定义，这是不妥的，结构是系统之下的一个定义。系统的结构的表达是多种多样的、不唯一的。目前还没有完备的分类方法，常常根据研究者对系统的关注重点不同而突出其结构的某些特征，形成了结构的实用的分类。常用有空间结构与时间结构的区分方法。系统的元素在空间排列或配置称为空间结构（spatial structure）。系统的元素在时间流程中相互关联方式称为时间结构（temporal structure）。系统的元素在时间空间上均有关联，称为时空结构（spatial

—temporal structure)。

作战系统的结构是十分复杂的，首先是作战双方或多方的对抗关系，它表现在双方依存，如果一方消失、失败、投降，作战系统的演化就结束了，系统也不存在了。又表现为双方斗争，一方要消灭、制约、限制另一方，表现为对方的装备、人员的损失，双方的损失的基本物质原因是对方的作战行为。

结构和组织是不同的概念。组分之间存在相互作用就有结构，结构分为有序结构和无序结构，有序的结构称为组织，如分子热运动是无序的结构，一定的条件下分子自动组织成为有序的结构，就转化为有组织的系统。

作战系统中既有有序的结构，也有无序的结构。双方在作战开始，其参战人员和装备都是有序的，形成了严密的组织。但双方对对方的结构的了解是不清楚的，此时从一方情报上看，对方常常是模糊的，甚至是无序的。作战的演化过程中，双方受到的打击，将造成各自的组织的破坏，组织能力强的一方，会不断的修复损坏的结构，维持其有序性，当不能维持时，将出现作战系统的一方的结构崩溃，形成失败。

作战系统每一方的结构是严密的，即有着清晰的有层次的组织。上一级指挥下一级。各军、兵种之间有着联合、合同、协同的结构。它们在任务上有区分，在地域和时间上有着准确的同步。它们的结构在作战演化过程中不断的变化，强者的组织健壮，效率高，各项作战行动有序，混乱、失控现象减少。而弱者的组织被打击得支离破碎，层极间混乱，无序增加，控制、指挥失灵，最终兵找不到官，官找不到兵，尽管还是那些人，那些装备，成了混乱的状态，此时，

7

组织的瓦解，战斗力消失，成为败军。

结构分析的重要内容是划分系统的各部分，这种部分就是前面提到的子系统。分析各部分的结构，说明系统的不同部分之间的关联。采用不同划分标准，可以有不同的各部分的结构。只有按照同一标准划分的各部分，才有可比性。

在元素较多的大系统中，有一些元素彼此靠近，有一种更紧密的方式关联在一起，可以将它们整合在一起，它们有一定的相对独立性，存在这部分的局部整体性，形成了系统内部的集团。而系统不再只是元素间的联系，而是有这些集团之间相联系，这就产生了子系统。

定义 1.4　子系统

S_i 被称为 S 的一个子系统（subsystem），如果它同时满足条件：

（1）S_i 是 S 的一部分，即 $S_i \subset S$；即 S_i 是集合 S 的一个子集；

（2）S_i 本身是一个系统，满足定义（1.1.1）的系统定义的要求[2]。该定义说明了子系统是系统的一部分，它具有从属性、局域性，可分性和系统性。子系统不是元素，不能把元素看成子系统。

作战系统中将作战系统中可以整合的部分，归纳在一起，形成了作战系统中的子系统。引入子系统，对表达作战系统的结构是十分必要的。子系统的区分有很多方法，从部队的建制看，一个军可以由若干个师和直属的团、营及机关组成，这些师、团、营、机关就可以看成是军的子系统。武器装备中有的武器本身是一个系统，如防空武器是由多个子系统，如搜索雷达，制导雷达，火力单元，指挥控制单元等组成。最近很多学者认为武器装备的系统之上，还有一个

"体系"，称为武器装备体系，其来源于美国的"system of systems"。武器装备体系理解为由武器装备系统和武器构成的大系统。从理论上讲，体系仍是系统，体系中的系统就是系统中的子系统，不过这种子系统有一些特点，构成体系后也引出一些复杂性问题，所以将体系做专题研究，也是有必要的。

定义 1.5 子系统的完备性和独立性

设系统 S 被划分为 n 个子系统 S_1，S_2，$\cdots S_n$。正确的划分应满足以下要求：

(1) 完备性 $S = S_1 \cup S_2 \cup S_3 \cup \cdots \cup S_n$

(2) 独立性 $S_i \cap S_j = \phi$，ϕ 为空集，$i \neq j$

由于系统中定义了子系统的概念，初始的系统只由元素组成的定义就有了进一步的明确，也就是元素，子系统都是系统的组成部分。

作战系统的完备性和独立性是十分明显的，作战部队在任务区分时，一定要完备，不要丢了一支参战部队，缺少赋予一个部队的任务，作战编成中已编入的部队就应当赋予任务，进行部署，这就是作战系统完备性表现。再分析组成子系统时，一个作战力量不能重复在两个子系统中出现，这也是独立性的要求。能成为子系统的一定是有相对独立性的，作战系统的两个子系统中不应当同时包含一个更低级的子系统。

定义 1.6 系统的组分

元素和子系统都是系统的组成部分，称为组分。元素是系统中不需要细分的最小组成部分，元素不具备系统性，不讨论其结构问题。子系统具备系统性，是可分的，应当讨论其结构问题。

系统 $S=\langle A, R\rangle$ 的定义可以有以下的描述，A 为系统的组分，由各组分 A_i 组成，A_i 是系统 A 的子系统或元素。

$$A=\{A_1, A_2, \cdots A_n\}$$

R 为系统中组分的关系集

$R=\{r_1, r_2, \cdots r_n\}$

r_i 是系统中组分的关系。

元素的不可分是相对的，元素和子系统的区分有时不是唯一的，是和我们研究问题的细致程度有关。

在作战系统中通常把参战人员的每一个人作为基本元素，有时可以把数个人的一个集体看成元素，如一辆坦克的全体乘员看成一个元素，但人是最基本的元素。作战系统中的武器装备一般是以完整的功能的整体看成元素，并不把一件武器再分成部件和零件，因为在作战系统的研究中，对装备的效能、战法的优劣研究时，必须把装备整体看成元素，如一架飞机，一枚导弹，一艘舰艇。但有时为了研究战损，研究维修，就会将装备再分解为部件、组件、零件，以研究作战中的维修保障问题。在研究弹药供应时，会把武器装备使用的弹药单独拿出来作为元素研究，所以对不同的研究问题，系统的结构表述可以不同。

1.1.3　系统的整体性与涌现性

系统和系统的区分是以它的整体性不同而区分。系统的整体性是将系统和自己组分相区别。整体性是系统构成时涌现并在演化中不断的变化、充实、涌现而成，整体性和涌现性两个概念是十分紧密相关的。

定义 1.7　系统的整体性

它是系统整体具备的特性，称为整体性（wholeness）。如整体的形态，整体的行为，整体的状态，整体的困难，整体的机遇，整体解决问题的途径，整体的时空演化规律等等。

整体性是系统存在的表现。系统一旦分解为互不关联的部分时，系统的整体性将不存在。

作战系统整体性表现在作战双方的共存的形态之下，当一方完全失败，则作战已经结束，作战系统就不存在，作战系统的各种形态都将消失。只要作战系统存在，它的整体性就会表现，如作战过程中态势，双方的作战行为及行为的特点，也表现出的战机，包含各种困境，各种危险和各种胜利的机遇，在演化中会有十分丰富的表现。这正是采用系统科学分析作战系统的重点。

定义 1.8　系统的涌现性

当系统的各组分组成系统时，系统出现了其组分不具备的性质，这种现象称为涌现。系统具有的这种性质，称为涌现性（emergence），是系统整体具有的。各组分及其总和都不具备的性质，在组成完整系统后涌现出来，这些新的性质是构成系统时产生的质变。

作战系统的涌现性表明了其组分和子系统所不具备的特性，参战双方的兵力、装备和双方作战中的整体性是不同的，如胜负的出现就不是简单的兵力和装备的性能叠加，常常弱兵劣装的一方打败了兵力宏厚，装备精良的一方，自古至今已不是个别战例。作战系统的演化中各个作战阶段的形成，转换的时机和条件，都是作战系统的整体涌现的表现，它是作战系统的参战各方相互作用的结果。

涌现性也称为整体涌现性（whole emergence），目前有以下观点支持着整体涌现性的研究。

(1) 整体涌现性是一种规模效应。涌现性的出现要求系统有一定的规模，巨系统时，尽管系统元素之间关系简单，但容易出现本质上全新的特性和行为。

作战中的战争和战役的涌现性将十分强烈，由于它的规模大，元素众多，关系复杂，从而系统的整体特性十分丰富。而战术由于其元素较少，关系比较简单，其涌现性比战争、战役要弱，但由于人的介入，也产生局部作战行动的涌现性，出现战术的多样化和随机性。

(2) 整体涌现性和系统的结构有关，即系统组分之间的相互作用，相互补充，相互制约会激发出整体涌现性。所以它是组分之间的相干效应，也称为结构效应。

作战的结构表现在参战各方成建制、有组织，即便是游击队，仍有着明确的、严格的上下级和友邻关系，因而作战的整体涌现性和作战的结构、组织是密切相关的。正是这种组织结构和相互作用，同一方的协作、协同、联合，作战双方的对抗、制约、杀伤，从而产生了作战的整体涌现性。

(3) 整体涌现性是非还原性和非加和性。由于规模效应和结构效应产生的整体涌现性，一般部分之和不等于总体。研究者一般比较看重结构效应，表现良好结构产生的效应可使整体大于部分之和，而不合理的结构产生效应可以使整体小于部分之和。

作战中的各作战部分的相加，并不是作战的总体。当一方组织指挥正确，相互协同到位，就会产生比各部分之和还要大的作战结果。现代作战不仅兵种要协同，而且要求诸军种的联合，优良的结构、组织、指挥，就会产生大于部分之和的效果，相反，整体就会比部分之和小，以至于失败。

12

1.1.4　层次原理

贝塔朗菲认为"等级层次的一般理论显然是一般系统论的一个重要支柱"[6]。

定义 1.8　层次

层次是系统由元素整合为整体过程中的涌现等级。最简单的系统由元素层次和系统总体层次组成。元素之间的相互作用直接涌现整体特性,复杂系统不可能一次完成从元素性质到整体性质的涌现,需要经过一系列中间等级的整合而逐步涌现出来。每个涌现等级代表一个层次,每经过一次涌现形成一个新的层次,从元素层开始,由低层次到高层次逐步整合,发展最终形成系统的整体层次。

作战系统的层次是十分鲜明的。从军队的编制结构看,无论中、外、古、今,军队都有着明确的编制结构。一层管一层,每层的权力不同,每层的指挥员的任务不同。现代以国家最高军事统帅,到各战区,陆军有军、师、旅、团、营、连、排、班、单兵;空军有师、团、大队、中队、单机;海军舰队、支队、大队、舰;导弹有旅、营、武器系统单元。现代的装备,层次较少,从发展趋势看,层次还将减少,但不会没有层次,不会没有权限的区分。可能从树状结构走向网状结构,但网上的每一节点其权力、职能、任务仍是有限的,仍有层次之分。层次结构的区分不是唯一的,以对系统的结构研究的重点不同,可以给出多种层次结构。

有了层次的概念,我们可以对涌现性进一步的认识。层次的根源是涌现性,即低层次能涌现出高层次中不具备的新的性质,所以不同的层次表现了不同的涌现。子系统就是层次的一种结构,但是并非一有涌现就一定出现一层结构,要

13

看涌现的本身是否是一个等级。

作战系统的结构层次性和作战系统的各层涌现性紧密相关，即不同层次有着不同级别的涌现性。一个结构层次有着同一级的多种涌现性，反之，并不是一个涌现性就一定对应着一个层次。所以作战系统的编成结构常常是区分不同级别涌现性的方法，从作战的方面我们有战略、战役、战术的三种涌现性，即师以下均为战术涌现，集团军、集团军群、战区是战役涌现性，全军则出现战略的涌现性。

层次是认识系统结构的重要工具。分析层次是结构分析的重要方面。系统是否划分层次，层次的起源，分哪些层次，不同层次的差异，联系，衔接和过渡，不同层次的相互缠绕，层次界限的确定性和模糊性等均是系统科学要研究的问题。

掌握了层次性是从系统科学的观点来研究和认识战争，提供了研究战争的系统方法。

1.1.5 系统的环境

定义 1.9 系统的环境

一个系统之外的一切与它相关联的事物构成的集合，称为该系统的环境（environment），记 S 为我们考察的系统，U 为宇宙全系统，S' 为它的广义环境，则

$$S' = U - S \qquad (1.1.2)$$

实际上没有必要把系统之外，宇宙中的事物都罗列进来，研究系统 S 时，关心的是非系统 S 的有限的关联事物，所以我们将狭义的环境定义记为 E_s：

$E_s = X \mid X \notin S$，且与 S 有不可忽略的联系。

即狭义的环境是宇宙全系统中所有与 S 有不可忽略的联

14

系的事物的总和，这样宇宙中可以忽略的事物都不在 E_s 之中。

一切系统都在一定的环境中形成，运行，演化。环境也具有系统性，常被称为环境超系统，但它的组分之间联系较弱，并有时发生变化。系统的结构，状态，属性，行为等多少均与环境有关，这就是系统对环境的依赖性。环境也是影响系统涌现性的重要因素。

战争系统常把参战人员和装备看成系统。将战场地理空间、天候气象、政治、外交、经济以及能源、交通等看成作战系统的环境。其中政治、外交是人文的战场环境，经济、能源、交通、地理空间、天候气象、电磁场是战场的物质环境，而战场的地理空间是作战系统有直接关系的环境。冷兵器时代，战争只在地表面、水面上进行，关心的是地形、水文、植被、气象。尽管气象是空中的物理环境，由于雪、雨、风对地表面和水面作战影响大，都是军事家关心的。由于飞行器的出现，作战环境到了空中，由于卫星的出现进而到了太空。由于潜水艇的出现，作战环境到了水下。由于电子对抗出现，作战环境到了电磁场可达的区域。从而形成了海、陆、空、天、电磁的复杂的战场环境，其中海、陆、空、天也称为军事地理环境，地球环境中的各处的电磁场属性特别称为电磁环境。

定义 1.10 系统的边界

把系统和环境分开的某种界限称为系统的边界（boundary）。凡系统都有边界，但是有的边界是明确的，有的是不明确的。边界是系统内部和外部的分界，边界内为系统，边界外为环境。从科学的意义上应当承认系统和环境的划分的确定性，对确定性边界，系统内部与环境差异明显。但边界不明确的系统出现了过渡性的边界，也是系统的复杂性的一种表现。

战争系统和环境的边界，有的很清晰，如战场地形对部队的机动关系，气候对飞机的飞行影响，台风对舰船的影响，说明环境和作战是两件事，而且相互有影响，它的边界是清楚的。有时它是不清楚的，人为制造的障碍，施放的烟幕，它本身就是战争系统的一部分，但它通过改造了环境而实现，这时作战系统和环境的边界就分不清楚。

定义 1.11 系统的开放性和封闭性

系统能与环境进行交换的属性称为开放性（openness）。系统阻止自身与环境进行交换的属性称为封闭性（closeness）。系统的两种属性是对立的，也是统一的。系统和环境的相互联系，相互作用，是通过交换物质、能量、信息实现的。没有开放性，系统与环境没有能量、物质、信息的交换，系统不能发展；但没有封闭性，即对系统的输入输出没有约束，管理，没有对某些交换的禁止，同样系统也不能正常的发展。

与环境没有物质、能量、信息交换的系统或交换极其微弱的系统是封闭系统，其边界是完全封闭的，连续的，没有可进出的通道，具有刚性和不可渗透性。而具有能量、物质、信息交换的系统是开放系统，其边界上往往有间断点，有进出的通道，边界有柔性和渗透性。

封闭系统因其切断了一切与环境的关系，所以它是孤立的，静止的，因而便于研究。所以很多科学研究的起点是封闭系统，并认为是一种理想的模型。

作战系统是开放系统，它表现在作战系统和环境进行着大量的物质、能量、信息的交换。如爆炸物，其材料是来源

16

于地球环境，做成各种弹药后，作战中使用，它们又回到了地球，其中毒剂、原子武器、贫铀武器、生物武器还会污染地球环境，破坏地球的人类生存环境。而作战系统内部各方都在大量的进行物质、能量、信息的交互，特别要提出的是信息的交换，表现在同一方内部的指挥、控制、情报的信息交互，也表现在双方通过侦察对方的信息的获取，从而引出作战双方子系统的封闭性，要千方百计的保护自己的真实信息不为对方所知，并用假信息掩盖自己，迷惑对方，使其产生错误的决心。现代战争中物质和能量的交换是受着信息的支配，信息恰恰是主宰物质流、能量流，这就是信息技术高度发达后的作战特点。

定义 1.12 系统的行为

系统相对它的环境所表现出来的任何变化，称为系统的行为（behavior）。维纳认为：系统相对于它的环境做出的任何变化，称为它的行为。

行为是描述系统和环境相互关系的概念。行为是系统自身的变化，是系统自身特性的表现，但和环境有关，反映了环境对系统的作用和影响。不同系统有不同的行为，同一系统也有不同的行为。

系统的行为有多种样式，如：维生行为，学习行为，适应行为，演化行为，自组织行为，平衡行为，非平衡行为，局部行为，整体行为，稳定行为，不稳定行为，临界行为，非临界行为，动态行为等等。系统科学是研究系统行为的科学[2]。

战争系统的行为可以看成对环境的破坏行为，使社会物质被毁灭的行为。从战争系统对战争环境的作用来看，似乎没有什么好的行为。尽管用于战争的技术是技术发展的领头羊，很多军用技术转为民用，创造了崭新的生活，如 GPS 定位，因特网，移动通信，原子能，炸药……等，但是这是准备战争的产物，而非战争，所以战争系统对于人类物质社会没有什么好的功能。但战争分正义和非正义的两种本质不同的战争，正义战争，消灭了阻碍社会发展进步的反动势力，人民获得解放，得到新的生活，推动了社会进步，这种战争就具有进步性，从历史上看，它具有好的一面。

战争系统内的作战双方，从子系统的观点看，都把对方看成自己的环境之一，因而向对方施行打击，摧毁，以至于消灭对方，这些都是子系统的行为。整个作战系统有演化行为，有自组织行为，有平衡和非平衡的行为等多种行为现象。

定义 1.13 系统的功能

功能（function）是系统中行为所引起的，有利于环境中某些事物乃至整个环境存续与发展的作用，称为系统的功能。被作用的外部事物称为系统功能对象。也可以说功能是系统行为对其功能对象生存发展所做的贡献。

作战系统对环境的功能以破坏为主，基本上是双方打击的过程中，对作战环境造成破坏。功能对象有地形地物，政治，经济的各种设施、设备等。而作战的双方又是对方作为作战子系统的功能对象。

系统功能是由元素、子系统、系统的结构和环境共同决定，而非单独由结构决定。功能与子系统、元素、结构关系密切，和环境有很大关系。

功能对象的选择只有用于本级系统，系统才能发挥应有的功能。功能的发挥需要环境提供各种适应的条件，为了充分发挥系统的功能，需要适当选择、改善环境。当环境给定后，结构决定功能。

很多人认为系统的结构决定了功能，即系统的结构首先决定了系统的性能，性能的外化就是功能，这种认识不够全面。因为系统的功能不仅和结构有关，它还和环境有关，如系统的功能对象一定是与功能发挥相适应的对象，如果功能对象不对，系统的功能就发挥不出来。系统功能的发挥还需要环境提供合适的条件，如果条件不具备，功能也无从谈起。例如汽车的运输实现了器材的转移有了运输的功能，如果环境的道路条件不具备，即使汽车有了开走的性能，由于道路不行，运输的功能就不能实现。

功能发挥过程对结构有反作用，有时会促使结构的改变，这是系统演化中的一种现象。

凡系统都具有功能，系统的整体涌现性起码要体现在功能上，整体的功能不等于部分功能之总和，一般说，整体应具有部分及其总和所没有的新功能。功能是一种整体特性，当元素整合为系统时，就具有元素总和没有的功能。

功能概念可用于子系统，它就是子系统对整个系统发展所负的责任、所做的贡献。子系统可以按照它们在整个系统中的不同功能划分。这样按照各自的功能相互相关、相互作用、相互制约、共同维持系统整体的生存发展。这种以功能划分的子系统及其相互关联方式称为系统的功能结构。

复杂系统都有自己的功能结构，了解功能结构就是把握系统特性的重要方面，所以掌握复杂系统的属性和行为一般都必须了解它的功能子系统的结构。

定义 1.14 系统的性能

性能（performance）是指系统在内部相干和外部联系中表现出来的特性和能力。性能一般不是功能，功能是一种

19

特殊的性能。

作战系统的性能可以表现在各种武器装备的性能，各种弹药的性能，各种成建制部队的作战性能，各级指挥所的性能等。我们常常按各种武器的性能区分武器的类型，如陆军的压制武器，防空武器，装甲武器等等。成建制的部队按其共性分为陆军，空军，海军，二炮等。陆军又分装甲兵，炮兵，工兵，通信兵，陆军航空兵，电子对抗兵，侦察兵，特种兵等等，这些都是以性能为主要区分的兵种。

系统的子系统可以不按功能来划分，可以按管理划分子系统，例如一个步兵营分成三个兵力和装备一样的步兵排，三个步兵排没有功能上的区别，但便利于平时的管理和战时的指挥。功能和性能的概念上不易区分。例如，汽车能够开动是它的性能，把它用于给养，弹药的运输，这就是功能；发射药在药室中燃烧产生膛压，是火炮性能，经过身管的导引，使炮弹飞向目标，产生了杀伤效果，这就是火炮功能。

性能是功能的基础，提供了发挥功能的客观依据。功能是性能的对环境的作用，在系统行为过程中表现出来，在系统作用于对象的过程中评价，每一种性能都能用来发挥相应的功能，或综合几种性能来发挥某种功能。系统的性能多样性决定了系统功能的多样性。

定义 1.15 系统和环境互相影响及共同生存原理[3]

环境对系统提供生存发展的空间，激励存活的条件，这些空间和条件简称为资源。同时环境给系统以约束、扰动等作用，危害系统生存发展的作用称为压力。资源和压力这两种作用会在系统的形态、特性、性能、行为上给以环境的烙印。

从系统和环境的关系看，系统对环境有使其存续和发展

20

的作用，称为功能，和与其他系统争夺资源，排泄系统废物，毁坏环境等破坏环境作用，称为污染，这也是系统对环境的影响。如图1。

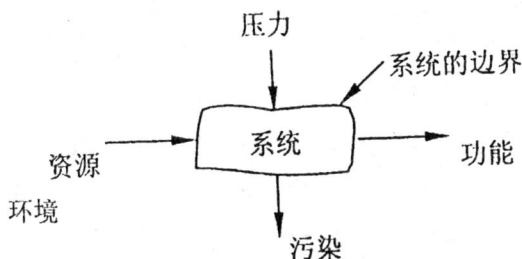

图 1　系统与环境关系图

环境向系统提供资源的能力称为源能力。环境吸纳、同化系统排泄物的能力称为汇能力[3]。源能力和汇能力共同构成环境对系统的支撑能力。系统自身的行为对源能力和汇能力产生影响。从人类的发展和人类的生存环境的关系可以看到，当人类的发展危害到自己生存的环境，破坏了正常的源能力和汇能力，将会导致人类生存系统的毁灭。

战争系统运用着环境的资源，接受着环境的压力，对环境有一定的功能，产生了污染。战争系统是人类的一种非正常的、短暂的系统现象，它符合系统论规律，是可以用系统论来研究的。

1.1.6　系统的状态、过程和演化

定义 1.16　系统的状态

系统可以观察和认识的状况、形态、趋势、态势、特征等，称为系统的状态（state）。

能正确区分和把握这些状态，才能把握系统。状态既是

刻画系统定性性质的概念，也可以用若干状态变量的定量特性来表示系统。

战争系统有多种状态表示的方法，如从作战的规模和层次上分，有战争，它是全局的，大规模的，国与国的作战；有战役，它是战争中的一个局部，一个阶段；有战斗，它是作战阶段中具体的作战行动。

战争的状态还可以按地区，按时段，按作战的类型、样式来区分。如地区分有中东战争，马岛作战；按作战时段分有战争开始，战争中期，战争结束；按作战类型分，有进攻、防御两大类；按作战形式又分为运动战、游击战等；按作战样式分为山地、平原丘陵、渡海登岛作战等。军事家多年的研究已从不同角度抽取了战争的特征、状况，作为战争的宏观描述。当然针对不同的，具体的作战过程，作战的状态有具体的定义和区分方法，而且同一场作战，双方对战争状态的认识分析也不会一致。

定义 1.17　状态的变量

表述系统状态的量值，称为状态变量（state variable）。

最简单为单状态变量系统，一般是多状态变量来描述。状态变量的一组数值则是系统的一个状态，不同的组代表系统不同的状态。描述系统的状态变量不是唯一的，一个系统可以用不同的状态变量描述，有自由选择的可能。但状态变量必须具有特定的系统意义，能表征和研究系统的基本性能和行为。

状态变量要满足：

（1）完备性　变量的数量要足够，能全面地、完整地表示系统状态，使状态变量能确定系统的状态。

（2）独立性　任一状态变量都不能表示为其他状态变量

的某种组合，不能由其他的状态变量经过某种变换而被确定。

战争系统的状态变量是十分复杂的，数量是庞大的，在表述上也没有规范的意见，但有一些状态变量是大家共同关心的。它就是综合战场态势的分析中比较重要的内容，其中有作战时间和作战力量的空间坐标，这也是作战系统中作战力量的时空坐标，一般用 x、y、z、t 四维量表示。地面作战和水面作战，可用 x、y、t 三维表示，可在地图、海图上标绘。相应的状态变量还有作战力量的实力，包含作战人员，武器装备以及各种保障力量等构成的状态变量。参战部队的编制、编成结构中，特别是主战部队指挥机构，情报侦察部队，通信网络部队，电了对抗部队是新型军队中关键的状态变量。

定义 1.18 静态系统和动态系统

状态变量不随时间变化的系统，称为静态系统（static system）。状态变量随时间变化的系统称为动态系统（dynamic system）。

一般说，系统都是动态系统，因为系统内部的相互关系和与环境的交换过程中，系统的状态变量都在随时间变化而变化。当系统的特征时间尺度与所研究的具体问题的特征时间尺度比大很多，在对系统的研究的时间内，系统的状态变量没有明显的变化，就把系统看成静止的。所以静态系统是相对的，理想化的系统。

定义 1.19 状态空间

所有状态变量的集合称为状态空间（state space）。

系统的研究是在状态空间进行，即研究状态的转移。静态系统是系统状态不变的系统，所以状态空间是凝固的。动态系统是状态随时间变化的，系统从一状态到另一状态不能瞬时完成，必须要耗费一定时间，出现了状态随时间变化的多样性，因而动态系统的表现是非常丰富的，对它的研究要比静态系统困难得多，动态系统比较真实的反映了事物的本质。

基础科学和系统理论所研究的系统动态特性，称为系统动力学，常称为系统的动态特性。

由于动态特性的重大意义，也有人从这个角度定义系统，如比尔（S. Beer）的系统定义是"系统是具有动力学联系的诸元素之内聚统一体"[7]。系统动力学，首先来自系统的内部，即元素之间的动力学相互作用，同时也来自环境的变化，来自系统和环境的动力学相互作用。元素之间的动力学相互作用，环境的动力学作用通过系统整体状态、特性、行为表现出来。直接刻画元素间的动力学相互作用，几乎是不可能的。可行的作法是刻画整体状态、行为、特性的动力学变化。

作战系统的状态空间是一个海量空间。不仅因为它元素和子系统众多，组织结构关系复杂，而且它是一个动态系统，随着时间的推进，作战系统中交战各方都发生着巨大的变化，因而遍历的方法是十分困难的，这也是多年来作战系统模型的建立遇见较大困难的原因。我们知道，描述复杂系统的数学工具还未诞生，而当前的数学方法还没有能力全面的、深刻的表达作战系统。不得已走上系统简化的方法。

定义 1. 20　系统的演化

系统的结构、状态、特性、行为、功能随时间的推移而发生变化，称为系统的演化（evolution）。

在足够细的时间分辨率和在足够长的时间中，任何系统

24

都处在或快或慢的演化之中，都是演化系统。系统演化分为两种方式：

狭义的演化：指系统由一种结构或形态向另一种结构或形态的转变，也称为相变。

广义的演化：系统从无到有的形成或发生，从不成熟到成熟的发育，也包含从一种结构或形态到另一种结构或形态的转变，并有系统的退化、老化，以致发生从有到无的消亡、解体。系统的存续也属于广义演化，虽然存续期间系统可能没有定性性质的变化，但定量的变化是不可避免的。

系统演化的动力来自系统内部，即组分之间的合作、竞争、矛盾等，导致系统的规模改变，特别是组分关联方式的改变，引起系统功能及其他特性的改变。系统演化的动力也来自外部环境变化及环境与系统相互联系和作用方式的变化，最终导致整体特性和功能的变化。

系统演化有两个方向，一种是由低级到高级，由简单到复杂的进化，一种由高级到低级，由复杂到简单的退化。两种演化是互补的，而系统的进步的总方向是越来越复杂，从简单到中间稳定形态，进而到复杂形态。

定义 1.21 过程

系统在时间上的展开就是过程（process）。所有的演化都是过程，即发生、发育、相变、老化、消亡都是过程，所以系统的生存延续，系统的运行，功能的发挥都是过程，所以研究系统必然要用过程的方法来研究。

一般情况下时间为一个标量，无方向性，从牛顿力学到量子力学，即用$-t$代t，系统仍然合理的存在，对时间有反演对称性。但对热力学，统计物理，自组织理论，时间具有方向性，不可逆性，过去和未来不对称，系统行为具有时间反演不对称性。

过程的分类方法很多，按照现代数学模型的分类，有连续过程和离散过程，线性和非线性过程，确定过程与不确定过程，平稳过程和非平稳过程，有记忆过程和无记忆过程等。

依对时间是否可逆，分为可逆过程和不可逆过程。可逆过程（reversible process）是某些过程的不可逆性比较微弱，而加以忽略的理想化的过程，不可逆过程（irreversible process）才是普遍的，根本的过程。

过程可以分为若干个子过程或称为阶段，步骤，程序等。子过程还可更进一步划分，直到不能划分的过程最小单元，称为动作。不同的子过程，动作之间的基本关系有时序关系，因果关系，有交叉，有停顿。复杂的过程是大量不同的子过程，程序，动作，其中有些同时进行，有些穿插进行，形成纵横交错的复杂网状结构[2]。

作战系统的演化就是战争的发生、延续、结束的过程。这个演化过程是广义的，一次作战它在未发生之前，由于经济、政治的原因，外交、政治斗争已经在孕育着一次作战的发生，最终可以因一个具体原因而爆发了战争。由于战前双方的准备不同，主动发起方一般都精心准备，因而掌握着作战开始的主动权，随着作战的持久，作战系统的内部因素和外部环境的相互作用，作战的双方会出现一系列的涌现现象。一方因结构和环境的良好作用，作战力量愈战愈强，愈加有序，一方因结构和环境的不好作用，日益无序，最终以一方战败，一方战胜，或双方平手而停止作战，作战的演化完成。

1.2 研究系统的方法论

1.2.1 方法论

对系统进行研究，要采用一系列的方法，在科学研究的长河中，人类已有丰富的经验和理论的积累，形成了比较完整的方法体系。"工欲善其事，必先利其器"，十分必要对方法及方法论进行研究。

定义 1.22 方法论

方法论是描述和研究方法本质的理论，是指导方法的原则，可称为原方法。方法论不是一个方法，也不是一种方法，而是一类方法的本质。

方法论是一种具有哲学原理的思想原则。方法论决定了它下属的方法的科学性，也会带来它的局限性，因而从方法论去观察具体的方法，可以把握它的本质。不要去做不改变方法论本质而又想摆脱该方法论的缺陷的工作。

定义 1.23 唯物辩证法

它是关于自然、人类社会和思维的运动和发展的普遍规律的科学，又称马克思主义辩证法，它是系统科学正确的方法论的基础。

唯物辩证法它既不同于唯心辩证法，又不同于形而上学那种片面的、孤立的、静止的思维方式，它主张从事物的内部及事物相互之间的关系中把握事物自己的运动。它认为，世界上的万事万物都处在相互作用的普遍联系之中，都处在不断产生，不断消亡的运动，变化和发展的永恒的过程之中。世界充满着矛盾，矛盾无时不在，无处不有，矛盾着的两个对立方面既对立又统一，由此推动事物的不断发展。内因是变化的根据，外因是变化的条件，对立面的统一和斗争是唯物辩证法的实质和核心。世界的发展有其客观规律性，表现为从量变到质变，又从质变到新的量变的过程。采取了肯定，否定，否定之否定的波浪式前进的路线。辩证的否定构成从旧事物向新事物的转化。唯物辩证法的三大基本规律，即对立统一规律，质量互变规律和否定之否定规律，是方法论中正确的哲学指导规律，矛盾分析法是唯物辩证法的根本方法。

历史上从事系统科学的研究者如贝塔朗菲，控制论的创立者维纳（N. Wiener）和阿什比（W. R. Ashby），信息论的创立者香农（C. E. Shannon）和韦佛（W. Weaver），运筹学创立者丘奇曼（C. W. Churchman），60 年代的普利高律（I. Prigogine）的耗散结构理论，哈肯（H. Haken）的协同学，托姆（R. Thom）的突变论，艾根（M. Eigen）的超循环论，费根饱姆（M. J. Feigenbaum）的混沌学，芒征布罗（B. Mandelbrot）的分形学，钱学森的系统学，都对研究方法论做了哲学的探讨。钱学森明确地指出唯物辩证法是系统科学的哲学理论基础。

同样，从对方法论研究的发展看，在哲学、社会学、心理学、认知理论和组织行为理论研究中存在方法论的研究，强调要掌握哲学原理。中国的学者有着中国古代哲学的丰富的知识及当代马克思主义的哲学理论，较少受到西方神学及各种哲学流派的影响，在系统科学研究的哲学指导上，是处在比较领先的位置。

1.2.2　还原论和整体论

还原论（reductionism）和整体论（holism）两种方法

论是有着根本区别的，在科学发展的历程中，都有着十分辉煌的成果，成为科学研究的重要的方法论。近几百年，还原论尤为突出。这两种方法论中有的观点是对立的，不相容的，各自都有自己的优点，也都暴露出各自的弱点。

定义 1.24 还原论

还原论是主张把整体分解研究的方法论。还原论认为：客观世界是既定的，它由最小组分所组成，只要搞清楚最小组分的性质，一切高层次的问题都可迎刃而解。强调认识整体必须认识部分，认识部分总可以把握整体。

还原论的初衷是想把握整体研究的方法，但采用是分析——重构的方法，主导地位是分解、分析、还原，把系统从环境分离出来，孤立起来研究。把系统分为部分，高层次还原到底层次，用部分说明整体，用局部说明全局，用低层次说明高层次[2]。

在还原论的方法论指导下，数百年的科学发展有了一套可以操作的方法集，解决了很多问题，取得了很大的成功。这种方法对于简单系统是很有效的。数百年的科学发展是从简单走向复杂，大量的简单系统用还原论的方法取得了根本性的认识，突破了人类的无知，显示了它的威力。

还原论认为分解过程中事物有的内在性质、外在表现不会变化，不会因为分解而破坏了事物的性质，分解前和分解后事物中很多基本性质是稳定的，不变的。分解后，事物的组分减少了，关系简单了，便于人们认识，便于人们去进行实验，实验的设计容易进行，实验过程可以控制，分解的过程是复杂性降低的过程，从而成为科学研究中一种普遍的方法论。系统学的层次观点组分中有子系统和低层的组分，都有着还原论的思想。系统是可分的，承认了分解对认识系统的重要性，正是这种优点，当被无条件的使用时，就出现了缺点，即还原论忽略了分解时系统整体性能的丢失，即整体性被破坏，整体涌现性被抛弃，陷入了片面性，局部的信息的总和小于整体的问题没有被看见或见而不顾，在很多地方，表现出对系统科学发展的阻碍。

作战系统的组成是有层次的，因而作战系统是可以分解的，平时的编制，战时的编成，都会细致的从基本战斗单元、保障单元做起，逐层的构成作战的子系统，进而形成整个作战系统。各级各自有上级，也有下级，直到每一位作战的军官、士兵、民间参战人员及武器装备，这既是作战系统的层次结构，也是一种种作战系统的分解方法。从宏观层次上分成了战争、战役和战斗，从军事学研究上有研究战争规律的战略问题，研究战役规律的战役问题，研究战斗规律的战术问题。用战术规律为基本素材，去支持战役、战略研究，从战役素材上去支持战略研究。这里也有着还原的思想。研究中发现，这种研究方法对深入研究是不利的，很难从战争的全局，战役的全局看问题。军事学的研究首先关注的是整体性，而后是局部性，用还原论只关注局部方法是有限的。现代战争中战略、战役、战术的界限有时候模糊了，某一个只具有战斗行动级别的作战，由于它具有十分重大的战役、战略的意义，引起最高领导者亲自关注，已不是个别案例，之所以如此，因为这一具体的、小规模的作战，关系到政治、外交斗争的全局，带有全局性。作战系统中有还原论的用武之地，但仅用还原论是错误的。

定义1.25 古典的整体论

它是指历史上的整体论，强调从整体上把握对象，从事物的相互联系看问题，是朴素的、直观的整体研究的方法论。

在中国古代的整体论有老子和墨子、王安石等，古希腊有亚里士多德（Aristotle）、德漠克利特（Democritus）、阿基米德（Archimedes）等人。他们的整体的观点，运动的观点，综合的观点，事物相互联系的观点是古典整体论的核心。德漠克利特把宇宙看成一个统一体，认为宇宙为原子组成，原子的运动构成了宇宙。中国用阴阳、八封、五行来统一自然界的现象，老子说"道生一，一生二，二生三，三生万物"，"天下万物生于有，有生于无"[8]。这些观点说明了万物的联系，万物为整体。中国古代的整体论在中医的理论表现十分的突出，认为人是一个整体，疾病是人和环境相联系的现象，古中医十分重视人体内部各脏器的联系，人的生理与心理联系，人与自然环境的联系，将人和自然环境看成一个整体进行诊断和治疗疾病。

古代的整体论表现在军事上是非常成功的。古代军事家都是古代的整体论者，是从全局看作战，从全局谋划作战，使用各种计谋调节作战中的关系，十分关注作战的环境对作战的全局的影响。孙子兵法的首篇"计篇"孙子说，"兵者，国之大事，死生之地，存亡之道，不可不察也"[9]。说战争的全局地位。古代的军事家都将作战整体看成了解战争、指挥战争的重要内容。

古典的整体论的社会背景是当时生产力低下，社会制度处在奴隶社会和封建社会之中。观察、分析世界的手段和工具都十分简单，研究方法为少数智者掌握，具体的操作方法不易表达，不易学习和传授，依赖是少数人长年积累的经验及其智慧，这些历史条件制约了古代整体论的发展，所以古代的整体论有过一段发达时间后就逐渐的萎缩。资本主义的文明时代，新的生产力而产生的大量工具，设备的出现，从而还原论应运而生，成为现代文明的方法论的先驱。现在我们认为古代整体论是方法论发展史上的一个阶段，古代人类对整体论的认识、定位、运用的历史仍有着十分重要的现实价值。

定义 1.26　整体论

现代整体论（holism）的基本观点与古代整体论一样，是从系统的全局上认识事物本身，是研究、创造能把握系统全局的研究方法。把系统的内部联系、系统和环境的关系，系统的演化，系统的整体涌现作为研究的重点，而整体论的方法是支持这些重点研究的工具集。

整体论认为系统的分解将永远丢失很多系统全局的性质，认为还原论破坏了系统的整体性。现代整体论有了先进的观察手段和工具，拓展了人体自身的观察极限，能在更广阔的空间和时间上观察系统的整体，比古代整体论更加科学。

这种方法论认为对整体的认识来源于整体的涌现性，而这种涌现性在整体被分解为部分时已不复存在。对部分的认识累加起来的方法，本质上不适宜描写整体的涌现性。还原论对复杂系统的研究将出现无法解决的根本的缺陷，即片面性、局限性和不可认知，影响了整体性的研究，这是还原论的根本缺点。

一切系统不是永恒的，即它是发展、变化的，即演化的。还原论是既成论，不能研究演化现象。整体论是依靠整体的涌现性，把世界看成生成的，是生成论。它能揭示"多来源于少""复杂来源于简单"的一系列整体涌现性能，因而对复杂系统的研究要依靠整体论。

军事家是强调整体，突出全局的方法论者。作战系统中的各级指挥员关注的是自己的全局，战前一定是全面的准备，作战实施过程中最关注的是态势中对全局有影响的情况，并采取有利于全局的措施和策略，按全局的需要使用自己的资源，设计涉及全局的作战行动。对局部情况当其影响全局的利益时，必然引起指挥员的高度重视。指挥的艺术很大程度上表现在掌握处理局部和全局这个问题上，因为整体不是空泛的，全局是由局部组成的，但能够准确、快速的识别影响全局的关键部位，关键时机和关键行动并予以正确的处置，是一个优秀指挥员所具备的素质。

现代的作战理论，武装力量的转型，作战样式的改变，新的战法的推出，都会在作战全局的问题上给出新的思想和贡献。

整体论的原理、原则是十分科学的，但它的方法却发展很迟缓，可操作性差，可控制性差，从而定量分析面临较多的困难。综合的方法是整体论常用的方法之一，这种方法的内涵，外延，实施的途径，表述的要素，常常有很大的变化空间。不像还原论十分明确，一步一步的分解，有着清晰的量化模型，这也是整体论面临的需要突破的地方，即要形成一批可操作，可控制的整体论的方法，能够实现计算机结构化，能使用现代的科学技术工具，将整体论的基本原则转化为一系列实用的方法、工具集。

定义 1.27　系统论的方法论

"系统论是整体论和还原论的辩证统一"[10]，这是钱学森在方法论研究上给出的重要结论。

还原论和整体论两种方法论各有自己的优势，只因为近几百年，还原论的成功，冷落了整体论，但这两种方法论不是互为敌对的，不是有一种方法论就不能存在另一种方法论。它们是互相有矛盾、有区别，但又互相依存和补充，这是将辩证法用到系统研究的方法论上的结果。因为只有还原论，认识是零碎的、局部的、片面的，无法从整体上把握事物，解决问题。只有整体论，不能还原到元素的层次，没有局部的精细结构，对整体的认识只能是直观的，猜测性，笼统的，甚至停留在感性而无法上升到理性，缺乏科学性。所以在认识清楚两种方法论的优点和缺点之后，在辩证法的指导下，研究系统的方法论，应当是整体论和还原论的辩证统一的方法，不以偏盖全，在研究方法上力求科学、有效。这种新的方法论钱学森称为"系统论"，按钱学森的定义"系统论是还原论和整体论的辩证统一"。系统论既是系统科学的理论，也是系统科学研究方法论的名称。

作战系统研究的方法论是在唯物辩证法的哲学思想指导下，将整体论和还原论综合起来，避开各自的缺点，发扬各自的长处。运用整体的思想，从作战的全局把握方向，把握作战的整体；运用还原论的思想，具体地、细致地掌握作战态势及相关情况，再从作战的全局需求、作战的目的，制定科学的计划，周密的谋划策略，形成决心，并通过指挥控制，推动作战的发展，不断的完成指挥的循环过程。

1.2.3 系统研究的常用方法

按照还原论和整体论辩证统一的原理形成了"系统论"的方法论，我国很多学者对这种方法论的具体的方法，做了分类和归纳。其中有分析方法和综合方法的结合，定性研究和定量研究相结合，整体研究和局部研究相结合，确定性与不确定性相结合，静力学研究与动力学研究相结合，理论的方法和经验方法相结合，精确方法与近似方法相结合，科学理性与艺术直觉相结合，专家与计算机相结合，少数专家和广大群众相结合，理论推导计算和实验、试验、仿真相结合等。从唯物辩证法的哲学指导思想来看，任何一种方法都有它的优点，有的优点是其他方法所不具有的，不可能代替的，这是这种方法存留于世的基础，是被人们使用的根本原因。同时任何一种方法都有它的缺点，有它不可克服的、无法超越和回避的，是不随使用者主观爱好而改变的缺点，这就是其他方法存在的理由和必然性。一个科学工作者不能因为自己的喜好，外界的压力等任何一种原因而去有意识的提高或抹煞他们的优点或掩盖、夸大它的缺点，应当实事求是的对待和应用这些方法，在应用中改善、提高这些方法的性能，并创造新的方法。

这些方法的优点和缺点不是一成不变的，对某一个问题，这种方法会表现出是优点，对另一个问题这种方法可能表现出是缺点，也可能出现程度不同的意外情况，也可能表现出这种方法不适应，从而带来不科学的结果。所以选用和创新方法都不是简单的过程，要有深思熟虑和必要的实践。

这些方法不是凝固的，是发展的，使用者不断的改进，就会出现部分的创新直到全面的创新出一种新的方法。同一种方法有不同的样式，不同的形态，不同的运用过程，使用者要关注其中的本质，科学地，有效地运用各种研究方法。

这些研究方法及其原理都说明，它不是万能的，如果说原则有一定的指导意义，具体的方法和理论都有着它的应用范围和条件。原理上的优缺点是理论上的，应用中出现的优缺点不仅有理论上所带来的，还有使用者的运用带来的影响。运用不当会加重缺点，产生新缺点，应用合理，会加重优点，减少缺点的副作用。这是在掌握研究方法所必须说清楚的。

1.2.4 定性研究和定量研究的方法

系统特性有定性和定量两个方面，定性特性决定定量特性，定量特性表现定性特性。只有定性特性，一般不能深入准确把握系统，只有定量特性又容易出现根本、方向性的错误。定量为定性描述服务，定量可使定性描述深刻、精确，定量为定性提供论据和定量的推理结论。定性为定量给出方向，指导，定量与定性相结合的研究是系统科学的方法论的重要原则之一，也是一个重要的方法。

定量的方法首先要对研究的系统进行量化，即对系统的组分和关系，即对系统中的子系统，元素以及它们的结构进行量化。能进行数量的抽象和图形的抽象，能对系统的状态进行量化，能给出正确表述系统状态的变量集合，即状态空间及其值。能对系统的演化进行量化，能给出演化的各阶段系统的组分和关系量化，以系统的状态变量变化说明演化过程。

成功的量化，首先要有正确的定性为基础，牛顿用数学描述运动规律以来，定量化的方法日益重视，发展很快。系统的定量研究必须使用数学工具，当今的所有数学工具在系统科学研究中都有用武之地。它们是在各种不同系统量化的基础上形成的科学理论，阐明了量与量的关系，量与量的变换及数量中的定律和定理；阐明了图形的深刻含义，图形的规律。对于线性，确定性系统已到了十分完美的境地。

量化的工作结果表现就是建立了模型。目前模型可以分成三大类。第一类是概念模型，它是被研究系统正处在量化之中，并部分已经可以量化的一种模型，它是系统所代表的领域中，以自然语言表达的知识。目前日益采用计算机结构化语言来形成概念模型，使该系统的研究者有一个共同的，准确的认识。第二类是数学模型，是用数学语言表达的对系统描述，它是系统量化数学表达结果，是对系统定量研究的主要形式。第三类是计算机模型，用计算机语言写成，它是系统的模型和数据的计算机描述，是在计算机上可以运行的系统量化结果。

定性方法的形成，是来自人们的经验和智慧，将很多重要的原理、规律以自然语言表达，但其中有一些无法量化，没有合适数学工具表达的系统，因而被人们认为科学性差，在科学研究中被冷落。近来由于复杂系统的出现，目前的数学工具尚不能满足复杂性的真实描述，对定性的研究方法日益重视，并且认为定性描述也应当使用数学工具。庞加莱（H. Poincare）开创了定性数学，是描述系统定性的工具。系统演化方向，研究系统动力学定性方法相继产生，定性方程，拓扑等方法都是系统定性研究的数学工具。

定量和定性都有科学性的问题，定性研究由于结构不严密，缺乏定量，会引起研究结果的不科学。而片面追求数据精确化、系统的量化的不恰当，也会带来不科学的结果。我国系统科学的学者一贯主张定性研究与定量研究相结合，取长补短，力求得到正确的结果。

作战系统的研究中，一直以定性为主，原因是作战系统量化困难。从军事历史，军事思想，军队指挥，战略学，战役学，战术学，装备保障与后勤保障学都是定性描述性科学，都是以观点、论据的理论结构形成的理论体系，对于正确的研究作战系统的本质是十分必要的。但进入到机械化、信息化时代，装备的科技成分不断增加，现代技术的各种装置成为现代装备的主要结构；精确化、杀伤威力大的弹药不断诞生；侦察、情报、指挥、控制、电子对抗的作战信息系统出现了质的飞跃，此时作战的基本形态从单一兵种，单一军种发展到多军种的联合，多兵种的紧密合同，战争的整体性涌现了大量新的特性，作战更加复杂。由于缺乏量化，定性的研究方法对现代战争研究遇见巨大的困难。仅有一般原理、原则不足以指导作战的进行，所以作战系统的量化研究是所有军事专家关注的焦点。目前军事运筹学，军事装备学，军制学，作战指挥学都开展了量化研究。军事运筹学中的决策优化，兵力编成，作战效能的评估，作战仿真，军事装备学中的装备体系的建设发展论证，装备作战与保障仿真，作战效能与保障效能的评估，作战对装备弹药的需求测算，保障力量的需求分析等，都有了量化的方法、模型及相应的研究手段。军制学对体制编制的结构量化及其作战效能研究，军事指挥学对指挥控制系统的结构，作业流程，从情报侦察，态势分析判断，谋划决策生成决心，直到实施作战的控制与命令下达执行，从完整的指挥的认知过程的量化分析研究。军事研究的量化最先收到效果的是训练模拟系统，从战略、战役、战术的各层次，作战指挥谋略训练到装备操作技能训练，已实现了作战系统的大量基础性的量化工作，解决了训练中的迫切需求，目前正结合作战指挥，装备发展，装备保障等实际需要正开展更科学、更实用作战系统的量化工作，进行基础数据的收集，建立各种军事模型，构建更为科学的作战仿真系统。不久将来我军军事研究在定性研究和定量研究相结合的研究方法上将会出现崭新的面貌。

1.2.5 局部研究和整体研究

描述系统有整体和局部两个方面。整体由局部构成，并统摄局部，局部支撑整体，成为整体不可少的部分。局部行为受整体的约束、支配，整体行为中包容了大量局部的行为。整体研究和局部研究的关系是，在整体观下建立局部的研究，综合所有局部研究以建立整体的研究。

托姆认为，动力学方法研究系统，要从局部走向整体，又要从整体走向局部。一切动力学系统的理论都要交替的使用这两种方法。

作战系统中的整体研究和局部研究是军队人员常用的方法。掌握双方的整体兵力，装备的总量，观察作战的整体态势，分析战场环境对作战整体的利弊，准确的判断情况，从而制定实现作战目标的各种策略、方法、行动，并在实施中体察其结果，再进行新的指挥。上述整体的研究是建立在局部的、具体的情报和态势的基础上，正是敌我双方的每一个局部情况准确的汇集成整体的态势。所以从整体的利益和需求地位来观察，我们关心的是有关整体的局部。要分析局部的情况在整体中的地位，局部受到的约束和未来对整体可能引起的变化，将局部的变化和整体关联起来。整体研究要看清全局发展方向，局部的研究提供了具体的支撑。作战系统的每一个层次都有自己的全局和局部，下一级的全局是上一级的局部，依次递增的组合。但是它们组成的地位不是平等的，不是均匀的，即使很低层的一个小的局部，如果涉及了高层的全局，对它的研究就要给予更大的注意力。在复杂系统之中，在全局对某些局部的微小变化十分敏感的关系中，把握好全局研究和局部研究是十分重要的原则。

在全局和局部研究的方法中，有一类特殊的、对各种系统研究都很有意义的全局和局部的研究方法，就是宏观和微观的研究方法。宏观研究和微观研究是局部和整体关系的一种形态，在系统研究的过程中，系统的整体和系统的子系统，组分之间在几何尺寸、演化时间范围有很大差异，这就是常说的巨系统，它们之间差异到了较大的数量级。这样整体就是宏观，而底层的局部就是微观。简单巨系统，具备从微观到宏观的统计描述法，复杂系统目前尚无有效的数学方法，但局部研究和整体研究的原则仍可以用。

作战系统的全系统和子系统之间从数量上看，一个单兵到几百万军队已有 10^6 数量倍率，从空间上看有的目标几何尺寸仅几米，而战区可达数千公里，也达到 10^6 数量倍率，从时间上看有的弹药的作用过程仅百分之几秒，而一场战争可长达数年，时间上可达 10^9 数量倍率，作战系统是复杂的巨系统，所以微观和宏观的研究方法，也适合作战系统。

1.2.6　确定性研究和不确定性研究

确定性方法是以明确、肯定的研究思想而形成的方法。在定性和定量的研究中它的条件，推理，结论，实验，仿真都给出明确的、肯定的描述，在定量中采用的数学工具是确定性数学工具，有代数、几何、微积分、矩阵理论、复变函数、常微分方程、偏微分方程、积分方程、微分几何、变分法等基本工具。运用数学工具求解，其解的数量有多有少，可能无解，但是只要有解，它的解是确定的。

不确定性的方法是指系统研究中的条件，推理，实验，仿真给出的描述是非明确、不肯定的。

不确定性有很多种，有事物出现的不确定性，常称随机性，可以用概率和数理统计方法来研究；有事物界限区分的不确定性，常称为模糊性，用模糊数学来研究；有知识、信息不完全的不确定性，用粗糙集来研究。这三类不确定性问题，都有比较完整的数学理论，使不确定性的研究有数学工具可用。

概率的不确定性常称为随机性，它起源于 17 世纪对赌博的研究。雅各布·伯努利（Jacob Bernoulli）、拉普拉斯（P. S. laplace）、林德伯格（J. W. Lindbergh）、切比雪夫（P. L. Chebyshev）、马尔可夫（A. A. Markov）、科尔莫戈罗夫（A. N. Kolmogorov）、皮尔逊（K. Pearson）等创建了概率论、数理统计、随机过程等概率理论[12]，它对系统中的事物出现的机会和可能的随机现象有了完整的研究理论和工具。

模糊集合理论是系统科学家扎德（L. A. Zadeh）于 1965 年创立的。对不确定中的事物分界的不确定性，对认知中定义某一概念的不确定性及对某些问题评价上的不确定性进行了量化，创立了隶属度、隶属度函数，及一系列的模糊运算法则。扎德并于 1975 年提出了可能性分布，可能性测度，进一步将模糊集理论和可能性测度联系起来，进一步解决这类不确定性问题的研究。

粗糙集是由波兰科学家 Pawlak 提出的关于知识分类的不确定性，由于知识的内涵和外延的不确定性，研究两个知识的"等同""相近""相似"等都是十分困难的问题，要想用确定的方法研究是不可能的，采用集合的理论，给出了概念的上近似界，或上确界，下近似界，或下确界。将一个概念的非确定性给出数学描述，建立了不精确的知识的粗糙集，并给出运算规则，这在认知领域中的知识不确定性有了量化的理论和方法。

概率法需要大量统计数据，模糊法的隶属度有很大的主观成分，粗糙集对样本自身的随机性和模糊性缺乏处理能力，李德毅指出，数学本无所谓确定性数学和不确定性数学，但可通过概率理论，模糊集理论，粗糙集，混沌与分形，核函数与主曲线来研究知识和智能中的不确定性[12]。在不确定性的研究方法中要合理的应用。

这三种不确定性在系统中可能同时出现，即概率的，模糊的，粗糙的，同时具备。在运用上有比较广阔的天地，系统学本身揭示了不确定性的系统表现为混沌，它可能是我们现实生活中观察到的各种不确定性现象的基础。不确定的研究方法日益引起大家重视的原因也就是混沌处处存在，复杂系统处处存在。

自从牛顿以来，一直有两种框架，一是以牛顿力学为代表的确定性框架，一是以量子力学统计力学为代表的概率框架。早期研究常常只有一种方法，如一般系统论，突变论，非线性动力学，微分动力学，均是确定的研究，而信息论是建立在概率的研究上。控制论，运筹学两者都用。自组织理论想在两者之间沟通，但步伐不大。混沌学的出现，看到两种研究沟通的希望，有人认为自然的有限性认识，可以将人们从这两种人为的对立研究体系中解脱。

早期在作战系统的研究中，运用确定和不确定性的方法不够突出，因为定量化的研究较少，而定性研究的体系不会突现确定和不确定的区别。通常用一般规律描述确定性问题，而用特殊规律描述不确定性的问题。从宏观的研究仍以主要矛盾，主要趋势，主要问题展开论述性的研究，常以规则的灵活性、适应性来应对随机的、突变的情况。在定性研究中是重视不确定性的研究，军事专家称战争是迷雾，要求拨开迷雾，看清真实情况。孙子要求"知彼知己"都是针对不确定性而提出的原则。毛主席更加明确指出"去粗存精，去伪存真"进而"由此及彼，由表及里"，都说明对战争中的情况不确定性的有一套科学方法认真对待。作战决策是在信息不充分，条件不确定，情况不完全下的决策，这在军事理论上有很多的论述。

作战系统的量化研究开展以来，有确定性的作战研究，如兰彻斯特方程，指数法以及大量作战、保障的确定性模型。也有不确定的研究方法，如使用统计方法的作战需求计算，火力毁伤计算及作战仿真，保障仿真，有概率法和模糊法的作战能力评估，作战效能评估，保障能力及保障效能评估。有模糊、粗糙的方法的目标识别，武器控制，方案评价，计划评估等，但是还没有形成较大的研究系统，没有较全面的方法集，这是我们今后要努力工作的一个方面。

1.2.7 系统分析方法和系统综合方法

系统分析方法的任务是，弄清系统的组分构成及组分的性质，确定系统中的组分按什么方式关联起来形成一个统一体，即分析系统的结构；进而进行环境的分析，系统所处的环境和功能对象，系统和环境相互影响，环境特点和变化趋势。

系统综合是将分析的结果，对部分研究的结果形成系统的整体认识。综合首先注意是信息的综合，系统的各部分的信息，对各部分的认识，可以运用还原论的方法获得部分整体信息，但这不是本质上的综合。更主要的综合方法是从系统的整体出发，关注各部分构成整体时出现的整体涌现性。

是把低层，系统的各部分组成一个整体，在这个整体的演化、发现、认识整体。这种综合是质的综合，既要认识分成部分的系统特性，更要看到系统的整体的特性。

直接综合是将对部分的数学描述直接建立关于整体的数学描述，并对整体进行分析。简单系统是可以采用直接综合方法研究的系统。简单巨系统规模过大，直接综合方法无效，但可以统计综合。统计综合对复杂巨系统也无能为力，需要新的综合的方法和工具。

在作战系统的研究中，分析的方法和综合方法采用都比较普遍。解剖每一个战例，尤其是分析每一个实战的战例，无论是战争、战役或战斗，都有很多深入细致的工作。自古至今，研究作战的专家都非常重视已发生的作战的案例，从它的发生，形成的各个阶段，它的特征，因果关系，以及作战结束，从中提炼、概括了大量正确的结论。这些研究是从分析开始，以综合方法收尾，很多作战的特性、认识来自分析的案例，但又不是局部的，片面的认识，而是作战的整体的认识。分析和综合的方法在军事科学研究中是相互结合运用的，是互补的运用，所以取得了很大的成功。

1.2.8 其他研究方法

还有静力学和动力学的描述结合，理论方法和经验方法的结合，精确方法和近似方法的结合，科学理性和艺术的结合，理论和实验的结合，实际和仿真的结合，即真实和虚拟的结合，其中尤其是仿真方法的应用，是系统研究的最重要的方法之一。

系统科学的方法论是十分丰富的一个思想宝库，是在认识自然、认识社会和认识人类自己逐步积累，吸取教训而成长起来，它有着深厚的辩证唯物主义的哲学基础，是系统科学工作者的重要研究指导思想和工具，在否定再否定的规律指导下，产生了大量的科学方法，不仅为系统科学所用，也为其他科学所用。

众多的方法，有的是成对的出现，有的成对是矛盾的两个方法，有的并不是两个矛盾的对立的方面，但它们是有差异的，由于现实世界的复杂性，自然我们的研究方法是多种多样的。

作战系统是系统中的一类特殊系统。它是人类自身设计、制造出来的系统。战争的起因是人类的社会矛盾不可调和，战争的过程是人类自己设计，战争的工具是人类制造的，而指导战争的理论、规律均是人类自己的认识，所以战争怪物是人类自己产生的，所有的研究方法都可以在作战的研究中运用，并得到发展。很多优秀的作战指挥员，军事家本身就是朴素的系统论者，也可能正是他们是系统论者所以才取得了作战的胜利，并总结出正确的作战理论。他们对于研究方法的运用是十分到位，十分合理的，而且是灵活的运用，这一点在掌握方法论上是要细细的体会的。

参考文献

［1］钱学森．创建系统学．山西科学技术出版社，2001，11

［2］许国志．系统科学．上海科技教育出版社，2000，9

［3］苗东升．系统科学精要．中国人民大学出版社，1998，5

［4］钱学森．论系统工程．湖南科学技术出版社，1988

[5] 中国人民解放军军事科学院．军语．军事科学出版社，1997，9

[6] 贝塔朗菲．一般系统论．清华大学出版社，1987

[7] 郝季仁译．控制论．科学出版社，1963

[8] 任继愈译．老子新译．上海古籍出版社，1985

[9] 黄朴民．孙子兵法解读．解放军文艺出版社，2003，1

[10] 钱学森．人体学科与当代科学技术发展纵横观．北京人民出版社，1996

[11] 黄朴民，王梓坤．概率论基础及其应用．北京师范大学出版社，1995

[12] 李德毅，杜鹢．不确定性人工智能．国防工业出版社，2005，7

第二章　系统的特性

我们有了研究、认识问题的系统观点和方法，用来观察现实的世界。它有自然的系统，如江河湖海、平原、丘陵、山脉和各种生物；有人造的系统、城市、社会经济、文化、军事。它们形态各异，性能完全不相同。这些不同的系统有没有方法能很好的分类，怎样运用系统科学的思想和方法来认识和研究现实世界，这是本章要解决的问题。

2.1　系统的分类及主要特点

对一般事物的分类常用以事物的特征、特性等本质因素的差异来区分事物。由于选用的区分事物的本质因素的不同，分类也随之不同，所以对事物的分类不是唯一的，它随分类者观察事物、研究事物所持的观点不同而变化，但是被分类的事物是客观的。好的分类方法，有较深的科学内涵，为大多数人共识，因而得到肯定，为大多数人所使用。不好的分类方法容易制造混乱，对研究不利，因此也得不到肯定。

分类要遵守一些公认的原则，如科学性，即有一定的科学根据，分类的定义方法要正确，清楚，准确。分类要有完备性，分类方法能将要分类的事物全部纳入，均可有自己的位置。一种分类要有唯一性，即一个事物在分类中只占据一

47

个位置，不应当在分类中多处重复出现。另外还要有层次性，即分类不仅是一层，每层还可以分，产生了子层，每个子层还可以再分，从而出现树状的分类结构，称为分类树。我们可以用多种分类树的方法来说明。当然有的事物关系复杂，不可能用分类树来描述，此时事物分类的结构不能用简单的方法，以致造成分类的困难。

2.1.1 系统的分类

系统的分类有多种，这里介绍几种常用的分类。

定义 2.1 钱学森分类法

钱学森提出，根据组成系统的子系统以及子系统种类的多少和它们之间关联关系的复杂程度，可把系统分为简单系统和巨系统两大类[1][2]。简单系统是指组成系统的子系统数量比较少，它们之间关系自然比较单纯，这就是小系统。如果子系统数量相对较多，则可以称作大系统。不管是小系统还是大系统，研究这类简单系统都可以从子系统的相互之间的作用出发，直接综合成全系统的功能。若子系统数量非常巨大，则称作巨系统。若巨系统中子系统种类不太多，它们之间的关联关系又比较简单，就称作简单巨系统。如果子系统种类很多，并有多层结构，它们之间的关联关系又很复杂，这就是复杂巨系统。如果这个系统又是开放的，就称作开放的复杂巨系统。如生物体系统，人脑系统，人体系统，地理系统，生态系统，社会系统，星系系统等等。

钱学森的系统分类由图 2－1 表示[2]。

48

```
          ┌ 简单系统 ┌ 小系统
          │         └ 大系统
系统 ┤
          │         ┌ 简单巨系统
          └ 巨系统  │              ┌ 非开放复杂巨系统
                    └ 复杂巨系统 ┤
                                  └ 开放复杂巨系统
```

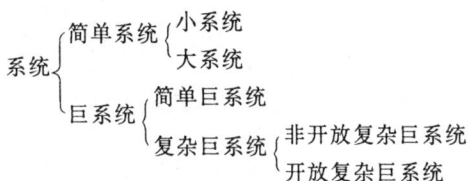

图 2-1　钱学森系统分类图

定义 2.2　以确定性及不确定性，连续性及离散性定义系统

　　以系统的组分之间的关系、演化中的特征来进行系统的分类，即当系统中组分之间的关系是确切肯定的关系，我们称为确定性系统。它们的数学模型是确定的，在演化中它们之间有着确定的联系和规律，反之对应的为不确定性系统，不确定性系统已有部分数学工具，如随机，模糊，粗糙集模型所描述的系统，还有目前尚没有明确数学方法描述的不确定的系统及演化过程，如具有混沌不确定性的系统等。

　　以组分的关系及演化特征看，在时间演化过程中，满足连续性的系统称为连续系统，而不满足连续性，出现了时间上的离散性，某些时间点和时间段上系统并无作为或没有意义，称为离散系统，其他状态离散的系统也归入离散系统之中。

　　系统演化全过程中，系统状态随时间变化而发展变化，这就是动态系统。如果时间上凝固了，或时间在变化，而系统的状态不变，系统状态与时间无关，称为静态系统。其分类见图 2-2。

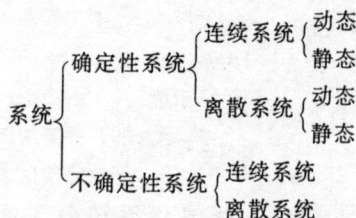

$$
\text{系统}\begin{cases}\text{确定性系统}\begin{cases}\text{连续系统}\begin{cases}\text{动态}\\\text{静态}\end{cases}\\\text{离散系统}\begin{cases}\text{动态}\\\text{静态}\end{cases}\end{cases}\\\text{不确定性系统}\begin{cases}\text{连续系统}\\\text{离散系统}\end{cases}\end{cases}
$$

图 2—2　确定性，连续性系统分类图

定义 2.3　按系统的特征命名系统

从系统的结构，功能，性能，边界等等基本概念出发，提出该系统的某一个方面的特征，或某一系统与其他系统之间明显的，可以区别的特征、特点而给予系统命名，就是按特征命名系统，如自组织系统，他组织系统，混沌系统，复杂自适应系统等等。这是为了系统研究方便而给出的系统定义和命名，由于这种方法使用灵活，突出该系统的主要特征，并不是进行系统的分类，而是给予系统一种标识，也不具备完备性，严格说这不是一种分类方法。

2.1.2　系统的特性

现实世界中存在的系统，从其本质及表现形式上是各不相同的，分类的方法只能原则上给出区分和归类，那么有没有只要是系统就会具有的性质呢？国内外的学者就系统的基本原理，性质，规律有着深入的研究。其中我国的魏宏森，曾国屏的研究比较深入[3]，提出了系统具备的主要特性，有整体性，层次性，开放性，目的性，突变性，稳定性，自组织性和相似性，认为这八个特性是系统具有的共同特性[3]，我们以此为依据对作战系统的特性进行研究。

定义 2.4　系统的整体性

系统的整体性是系统由若干组分组成，并具有一定功能

50

的有机整体。即各个作为系统单元的组分一旦组成系统整体，系统整体就具有各独立组分所不具有的性质和功能。

是系统就必须具有整体性，钱学森指出："什么叫系统？系统就是由许多部分组成的整体，所以系统的概念就是要强调整体，强调整体是由相互联系、相互制约的各个部分所组成。系统工程就是从系统的认识出发，设计和实施一个整体，以求达到我们所希望得到的效果"[4]，贝塔朗菲在一般系统论中说"当我们讲到'系统'，我们指的是'整体'或'统一体'"[5]，贝塔朗菲的一般系统论是对"整体性"，"整体"的探索，将"整体"的概念从哲学变成一个可定量描述的，可证实研究的科学概念。贝塔朗菲还指出"亚里士多德的论点'整体大于它的各个部分的总和'是基本的系统问题的一种表叙，至今仍然正确"[6]。

魏宏森指出：控制论和信息论是研究系统整体的协调控制和信息传递及功能优化的问题。耗散结构论是首先研究整体自发组织的各种前提条件，开创了动态系统研究的新局面。协同学创立者哈肯把协同学定义为关于子系统合作的科学，子系统之间通过竞争和合作形成整体的科学。超循环论是研究大分子如何自发组织起来，形成协同整合的超循环组织，向更高复杂性进化，直至生命起源。混沌学和分形学中，奇怪吸引子，具有整体性结构，无穷的嵌套的自相似结构也体现着系统的整体性[3]。

系统之间的区别也在于整体性，从整体性才能认清相互的根本差别。演化中一个系统的整体性是运动中保持的一种规定性，整体性的消失，系统就消亡了。新的系统的产生又有它自己的整体性。

整体性是由组分的相互作用造成的，尤其是非线性的相

51

互作用造成，对信奉线性律，追求运动方程的线性解的科学家面临了新的难题，世界的本质是非线性的，现实系统几乎都是非线性系统，从部分到整体会有本质的、新的特征出现。整体不是部分的线性和，整体具备各部分不具有的特性。系统具有整体性才是现实世界普遍的必然的规律。

整体性的主要体现可以从以下的分析做进一步的理解，即整体和部分的区别，相对性和关系来分析。

整体和部分的可区别性：整体和部分是不相同的，整体是全局，部分是局部，部分是系统的组分，它是子系统和元素，而整体是包含系统所有组分及其关系的整体，它们各自存在，是有明显区分的。一个战士，它不是一个连，更不是一个师，它不是作战部队，它只是作战部队的一份子。适合整体的规律不一定适合部分，适合部分的规律不一定适合整体。整体的演化和部分的演化规律也是不相同的。部分消亡了，整体可能存在，整体消亡了，作为整体的一部分在原来整体中已经没有地位了，它消亡了，但部分还可能存在，可能成为其他整体的部分而重新存在。

整体和部分的相对性：整体和部分有相对意义，如一个团对师来说它是部分，但对自己属下的营来说，它就是整体，尽管都在整体的位置，但范围，特性也不一样，这和系统的层次结构有关，顶层是系统最大的整体，我们可称为系统整体，有的称体系整体，而每一层的总体是更底层次的整体，自然它又是高层次的部分。

整体与部分的广义关系：整体和部分有三种关系，即整体大于、等于或小于部分总和。中国的古语有"三个臭皮匠顶个诸葛亮"，"一个和尚担水喝，两个和尚抬水喝，三个和尚没水喝"。生动的说明了整体性的表现。这里的大于、等于、小于可以理解系统整体与部分的和的功能，性能，数量，作用，效果等等。这种关系是广义的大于、小于、等于关系，不仅仅是数量的关系，"三个臭皮匠顶个诸葛亮"是指三个一般智慧水平的人在一起，运用集思广益，相互启发的能力，可以产生相当诸葛亮的高智商的想法。说明了整体的涌现，具有思想和方法的创新的过程，出现了质的变化。

整体和部分的依存关系。一个有机体，解为各部分，它的整体就死亡了，部分也就不再是有机体原来的部分，黑格尔说"一只手如果从身体上割下来，名称上仍叫手，但实质上说，它已不是手了"[7]。整体和部分，系统和组分相互依存是整体性的表现。

定义 2.5　系统的层次性

系统组分的差异及组分之间的关系，使系统内在地位、结构与功能上出现的等级性，形成了具有质的差异的系统内的等级，这就是系统的层次结构。层次性是反映系统内有质的差异的等级结构，表现了系统内的等级差异。

我们今天对宇宙的认识，总星系，星系（银河），恒星（太阳系），地球，物体，分子，原子。我们对社会的认识，国家，省，市，县（区），单位，群体，个人。陆军的编制从集团军，师，旅，团，营，连，排，班，单兵有九层之多。不同国家、不同军种、作战的不同阶段，还会有变化。军衔又分为元帅，将军，校官，尉官，士官，士兵等多个等级。学校分幼儿园，小学，中学，大学，研究生院。人的认知分为感觉，感知，悟性，理性等，几个不同的层次。可以看出，层次性是系统的具有的基本特性。贝塔朗菲就指出"等级层次的一般理论显然是一般系统论的一个重要支柱[5]"。

层次性的基本要点是：

层次的相对性，表现在高层系统与低层系统有相对性，系统内高层结构和低层结构也有相对性。一个系统可能是更大系统的组分，高层系统是更大系统的低层系统，系统能称为系统是相对自己的组分而言，高层系统是相对自己的低层系统而言，高层结构是相对自己系统的低层结构而言。所以在一定意义上是高层，在另一意义上又是一个低层。更进一步来理解，每一个层次都有自己的特殊地位，特殊规律，特殊的内容[8]。

层次间质的差异性：层次之间不仅有数量上的差异，更重要的是有质的差异。系统的最基本的组成元素，构成系统的各个层次时，不是元素的量的组合，而是由于它们的相互作用，涌现了新的性质，产生了超出组成元素的各单独的性质以外的新的性质，这才形成一个层次，仅仅是量的变化是不能构成一个新的层次。一个坦克营，有三个连，每个连有三个排，每个排有三辆坦克组成，这是有营，连，排，单车的四层坦克营的层次结构。层次之间有着结构，功能，地位的不同的质的区别。而三十一辆独立的坦克，没有上述编制形成时，仅仅是三十一辆坦克武器的一群和一个坦克营是无法相比的。从作战能力来讲，仅有一批武装装备是没有作战能力的，因为它没有作战必需的组织，没有形成作战需要的层次结构。

层次的无限性：系统层次可能是无穷尽的，新的发现打破了原有的认识界限，并没有穷尽，这引出了层次的无限性。层次的无限性是宇宙的无限性的重要反映。

层次的多样性：如果划分一个系统可有多种的方法和原理，划分的方法和人们的研究目的相关，引出了层次的多样性。层次结构不是只有唯一的表述。反映事物的规律也具有统一性，所以层次的多样性和统一性是相互对立统一的。

上述的有关系统层次性的认识是一些基本的认识。近来有的学者深入研究层次性指出，应当着重研究层次之间的联系规律和层次之间的协调平衡规律。层次之间的联系要揭示层与层之间的质变规律，实际就是层的涌现性。深入的分析微观、宏观之间的关联，找到它们之间的规律，例如从作战系统中要研究战略、战役、战术之间的关联。多数学者认为，复杂系统的层次之间的协调和平衡是管理和控制的关键。这就是承认每一个层次上都有自己的特殊的部分，如自己的内涵，利益，目标和主动性，不否认层次的存在，就不能否认层次的特性。当我们不能正确理解层次之间的关系，没有协调和平衡，结果是系统的演化仍将按其规律发展，出现我们料所不及的情况，经济发展中的生态变化就是一例。

耗散结构理论中提出非平衡系统中局域平衡假设为基础的中观方法。系统处于非平衡，局域空间平衡，对微观充分大，对宏观是充分小，相对微观它是系统，相对宏观它是质点，是宏观时空中的点函数。耗散结构在宏、中、微观三个层次建立了简单巨系统的统一模型，研究并揭示了简单巨系统的演化发展规律[9]。

协同学，将系统变量分为快变量和慢变量两个层次。超循环论，建立了从低级到高级的反映循环，催化循环和超循环三个层次。反映循环是自再生的，催化循环是自复制的，超循环有选择性的，给出了探索生命起源的新局面。控制理论中，大系统模型维数高，关联复杂，目标多样，传统建模十分困难。"多重建模"，"分解"，"简化"原则指导系统的结构分析，经过层次分解针对不同目标建立模型，使模型简单易解，解决大系统的控制问题[3]。

定义 2.6　系统的开放性

系统的开放性是系统不断地与外界环境进行物质、能量、信息交换的性质和功能[3]。

凡系统都具有环境，无论物理的、化学的、生物的、社会的形形色色系统，包含人的思维系统，都具有开放性。封闭不交换的系统在演化中一般是走向崩溃和瓦解，即热力学第二定律所指出，走向均匀无序的热平衡状态。

热力学中将与外界只有能量而无质量交换的系统称为封闭系统，而完全没有能量、物质交换的系统称为孤立系统，真正孤立封闭系统是理论上的，现实世界中的系统总有一定开放性。

普利高津的耗散结构提出，系统演化的熵 S 的变化等式 $dS = d_eS + d_iS$，系统的总熵的变化 dS 由系统的内熵 d_iS 变化和系统与外界的交换熵 d_eS 组成。系统产生的内熵 d_iS 总是 ≥ 0，即熵增加原理。而系统和环境交换产生的交换熵 d_eS 可以是正或是负，如果 d_eS 为负且 $|d_eS| > d_iS$，则系统总熵 $dS < 0$，这样系统的有序程度可以提高，就可以自发地组织起来，形成有序结构。它拓展了热力学第二定律，避免了"热寂"说，从而达尔文的进化论和克劳修斯的退化论在新的理论下统一起来。

系统的开放性的基本要点是：

内因是变化的根据，外因是变化的条件，外因通过内因起作用。内因和外因由系统开放而联系起来，使系统的演化机理有了明确的答案。封闭、孤立系统的演化在十九世纪已经研究清楚了，它将自发的走向无序的热平衡状态，成为一个稳定态，常说的"热寂"。而现实的系统有产生、发展、消亡，但不是"热寂"。系统的内因是指系统自身的，能引起系统演化的原因，而外因是指系统之外，非系统自身的，是系统的环境所具有促使系统演化的原因。毛泽东早就揭示了内因和外因的关系，系统具有开放性，内因和外因则相互连接。外因成了演化的条件，内因是演化的根据，而外因通过内因起作用。当割断或限制这种交换时，都会引起系统演化的变化，系统的内因与环境的外因相互作用，相互转化，就会引起系统的量的变化和质的变化，产生出系统的新的性质。系统与环境的交换是双方的，不是单向的，因而内因可以利用外因，外因也可以利用内因，使系统的演化具有明确的目的性。

近来对开放性的交换内容有了深刻认识，加深了对信息的地位和作用的理解。最初的系统开放性研究，侧重物质和能量的交换，物质和能量是紧密联系的，而忽略了信息的地位和作用。在系统的开放中，三者是互不分离的，但信息本身是无质量和能量的，信息以物质为载体，信息的传播与交换是离不开能量的，但在系统演化中，信息的地位作用从人们对它无知到今天非常重视，信息在某种程度上主宰着物质和能量的交互，控制着系统的演化过程。很多信息人们只能运用，还不能控制。我们认识到的很多科学规律，都是系统交换中的信息规律，我们不能违背，不能制造，只能按科学规律办事，而不是按主观意愿办事。

系统开放性的相对性。系统不仅与环境有开放性，系统自己内部各层次之间也存在着开放性，层次之间的开放性可能有着不对称的情况，一般低层向上层开放多。同一层次互相也有交换，也具有开放性。系统与环境的开放中，即有交换和拒绝，也有合作和竞争。同样系统内部的开放性，层次之间即有开放、交换和拒绝，也就是存在着合作与竞争。系统的演化就是在这种复杂过程中发展。

系统的开放是有限度的，即有开放度和选择性的问题。封闭孤立系统开放度为零。但是系统的开放度为百分之百，系统对于外界的交换，没有任何过滤和选择，系统和环境成为一体，没有边界，这样系统也就不存在了。所以系统既不是封闭的，也不是完全开放，而是适度的开放，适度的开放既保证了系统的活力，也保持了系统的独立自主性。而自组织系统是依靠系统自我调节开放度来实现。

系统的开放不仅是空间的开放，也是时间上的开放。我们把系统和环境的边界以"空间"的意义来理解，那么系统的演化过程则是系统的"时间"概念，信息、物质、能量的交换不仅在系统与环境的边界上进行，也在演化过程中进行。

定义 2.7 系统的目的性

系统的目的性是系统在与环境的相互作用之中，在系统的演化过程中，表现出某种趋势向预先确定的状态的特性。这种向某一预先确定状态发展的趋势，在一定的范围内，不受或较少受条件变化或经历途径的影响。

现在对生命系统及生命体制造的各种系统，生命体的聚合系统都有着明确的目的性。生命体创造的很多无生命体也具有目的性，如人制造的导弹。但自然界的无生命体是否都有目的，也是历史上长期争论的问题之一，关键对"目的"的理解。亚里士多德认为自然万物变化都有目的，如运动物体的目的就是趋向静止。但目的是什么，没有解释清楚。

贝塔朗菲在他创立一般系统论之初就认为目的性问题是一般系统论的最基本问题之一。他将目的性称为等终极性，有人译成果决性，即结果决定原因的意思。在系统科学的形成过程中，对系统的目的性进行了科学的研究，不仅指出目的性是系统的基本特性之一，还指出它和系统的开放性紧密相联系，开放系统才有异因同果性或等终极性。贝塔朗菲说"对开放系统行为研究导致自然哲学上具有深远意义的结果，在生命事件中尤为明显的目标追求性的等终极形式，是从作为一个开放系统的有机体的特性中必然地合乎规律给出的"[9]。贝塔朗菲指出有三种目的性，即异因同果型，反馈稳定型和适应行为型[5]。系统科学中的系统目的性会表现出系统会产生有目标的行为，而且需要自身的调节。而维纳的控制论中重要结论是，一切有目的的行为可以看作需要负反馈的控制行为[10][3]。

系统的目的性的主要观点是：

系统的内部以及系统和环境之间存在着复杂的非线性相互作用。当环境给系统不同的输入时，系统的非线性表现出复杂的反馈机制，能自行调节应付不同的环境变化，这对系统表现出自主性，自协调性，使系统保持着不变的发展方向。其结果就具有目的性，这不是人为的，也不是神给的，是系统自身的发展结果，如最小作用原理，平衡原理，最小熵原理，熵增加原理等等。

系统的目的性也表现为系统发展的阶段性。如果系统发展中出现稳定态，它就是一个阶段的标志，也就是说某一稳定态也就是系统的目的之一。系统的演化过程不会终止在一个阶段，它的内外的复杂关系和因素还会使系统向前演化，可能出现各种状态，稳定态，周期态，准周期态，混沌态等，以及其中的转化过程，因而每个阶段都表现出它的目的性。

系统的目的性也表现为系统发展的规律性[3]，系统向其目的的发展，表现出系统按照一定规律在演化，这就是系统的规律性。有目的性的阶段性也表现了系统的规律性，有目的的规律性也表现了系统的阶段性。系统在演化中的目的性，对于理解系统的演化规律性、阶段性是十分重要的。

系统的目的性不是唯一的，它在不同的演化阶段，在系统的不同层次，会有不同的表现，不同的内涵，它可能从一个目的转移到另一个目的，它的不同层次的目的可能一致，互相支持，也可能发生矛盾，互相对立。系统的层次性，多样性，从而使系统的目的性中的目的是可能变化的，是多样的。系统的演化过程中，系统的内部关系和系统与环境的关系中，相互作用，相互依存，相互竞争的复杂关系，协调着系统的演化，从而系统在某一阶段放弃某些目的，转向新的目的，牺牲某些下级层次的目的，服从上级层次的目的，或将某一下级层次的目的变为整个系统的目的等。在生物系统，尤其人类系统及人类制造的人造系统表现得十分明确，对整个宇宙系统的目的性研究中还在深化，还需要我们去探索。

目的性和确定性、非确定性的关系[3]：目的性表现在系统总要朝着某种确定的方向。这一现象在以往的科学研究中得到了大量的证实，但也造成了误导，以至于出现了现实世界只以确定论来描述的错误。如牛顿力学，只要给出动力学方程和初始条件，无论万年之后或万年以前，运动的位移，速度，加速度都是确定的，一切都已决定，时间只是一个参数，运动状态是和时间参数一一确定的。据此得到天体力学很多重大研究成果，预报了彗星的行踪，揭开了太阳系的组成。但是深入的研究发现大量的系统不是确定的，而是非确定性的。原因和结果不像机械的确定论那样，而是在系统演化的阶段性和规律性统一的基础上，系统在一定发展阶段上，在一定范围之内，当环境条件变化时，系统仍然有着朝某一确定方向发展，表现出系统的目的性。但是系统也可能出现适应性的行为，进行调节关系和选择方向，出现新的行为，产生突变，完成了原来的演化阶段，走向另一个演化阶段，出现了新的目的性。系统内部组分之间的复杂关系，系统与环境之间的复杂关系，在内外因的作用下，可能出现涌现和突变，从一个目的性转向另一个目的性，从而出现发展方向上的变异，这就是不确定性的来源。有关系统的目的性的认识还在不断深化，目的性是系统特性中研究中的一个难题。

定义 2.8　系统的突变性

系统的突变性是指系统从一个状态进入另一状态的突然变化的过程，它是系统的质变的一种基本形式。突变方式具有多样性[3]。

突变现象早为人们认识，超新星的爆发，地震，火山爆发，寒流，台风，晴雨忽变，生命的诞生，疾病，死亡，工程中建筑物坍塌，河堤决口，社会中经济危机，股市崩盘，政局突变[3]，作战中，战争的爆发，决战前后的态势变化等等。

在人的认知领域中，"眉头一皱，计上心来"、"灵感"、"顿悟"等描述久思不解的问题，突然明朗；研究中久攻不下的问题，有了新的转机；对某一类知识，经过一段努力学习之后，能力忽然提高，这些都说明了人的认知领域中的突变。

与突变相对应的概念是渐变，很容易从字面理解，它们的变化速度不同，突变是快速的变化，对"快速"的理解是相对的，有瞬间的爆炸，也有经过一段时间的急变。也就是说，突变给出了变化前后系统有着巨大的改变，系统的状态发生质变，系统科学中称为"相变"，突变是反映相变的变化。渐变是缓慢的变化，渐变表现出量变，但不仅如此，渐变也会导致质变。质变是指系统的性质发生变化，从某一种状态转化到另一类不同的状态。对于"突变"一词的理解，许多学者做了专门说明。一种是骤变（sudden change），强调发生的瞬间性，骤然性，指可以忽略的时间间隔内完成的变化。另一种是指突变论讲的突变（catastrophe），指的是非常剧烈的变化。

系统的突变性研究是系统科学的重要内容之一，有突变的产生原因，产生规律形式的研究，突变和渐变的关系研究，突变和稳定性的研究，系统分叉理论的研究等。

初等突变的研究由托姆（R. Thom）给出了研究结果。托姆的突变论认为"连续作用有可能导致结果的突然变化"。它把系统的外部条件看作为控制参量作为系统输入，把系统状态看成系统输出，从而外部参量连续变化时，输出出现跃变。系统通过突变发生状态变化时表现出以下现象：多稳态，系统突变时有两个或两个以上的稳定状态，可以从一个稳定状态突变到另一个稳定状态，尖顶突变是双稳态。不可达性是不稳定态组成的区域，突变时被跨越，成了不可能到达的区间。突跳表现出控制参量的微小变化，引起状态量的极大变化，就引起系统从一个稳定结构跳到另一个稳定结构。滞后反映了突变的发生与控制参量变化的方向有关。

初等突变论研究证明[2]，控制参数的个数 $M \leqslant 4$ 时，有7种突变类型，折叠型，尖顶型，燕尾型，椭圆型，双曲型，蝴蝶型，抛物型。这七种互相联系，使突变变得十分复杂。$M \leqslant 5$ 时突变类型为 11 种。

在突变和渐变，质变和量变的关系上，历史上出现过较多的争论。系统的质变也称为相变，对系统相变的研究中有的学者提出相变分为二类。第一类相变是普遍相变，也称为不连续相变。第二类相变为连续相变。以物理系统为例，物质系统的自由能连续但自由能对温度的一阶导数不连续为第一类相变，而自由能对温度的一阶导数连续，而二阶导数不连续，为第二类相变。第一类相变的转变是间断方式，跃进的方式，发生的是突变。第二类相变的转变是连续方式，逐次发生，并且可能发生转变速度的快速增加，产生"雪崩"的效应。所以相变的研究中对突变和渐变的相互依存，相互联系又相互区别的对立统一关系有了认识。突变引起质变，渐变也会引起质变，质变之前都有量变的基础和积累，所以量变和质变的关系也是辩证统一的，量变是质变的前奏，质变是量变的引起的质的变化。

突变和稳定性的关系：系统突变可以有两个层次，一个是系统的突变，指系统整体性的突变，另一个层次是系统的组分层的突变，它是系统的子系统，元素这一层上的突变。这两个层次上的突变是不同的，可以区别的，但又是紧密相关的。

系统组分的突变，从系统整体上看，当它没有引起系统突变时，它只表现为系统中的涨落现象，它是系统相对它的稳定状态出现的偏离。这种现象是系统中经常发生的，系统是稳定的，但仔细观察它有不稳定的因素，不稳定的表现，当这种涨落进一步扩大，使整个系统统一行动起来，系统发生了质变，进入了新的状态。这就是系统自组织理论的重要结论：通过涨落达到有序，系统发生突变，这是系统整体的突变，系统从一种稳定状态，失去稳定，变成另一种状态。系统的组分结构、功能、性能发生了质的变化。这就是系统的突变，也是突变论中讲的突变。

突变研究中，分岔的研究对系统的演化提供了有力的理论和工具。突变理论和动力学的分岔理论是相联系的，都描述了不连续突变现象，但在理论上有着重要的区别。分岔研究了突变点的多重性和选择性，而突变理论强调的是突变点上的变化的不连续性和突跳性。

分岔指出了系统新的质的不确定性，它由系统内部的不确定性和环境因素的不确定性引起。非平衡自组织系统对于某些涨落非常敏感，微小的随机涨落带来出乎预想的结果。这种变化可以无序到有序，有序到更高的有序，或有序向无序变化。这种变化是系统演化的过程，是不可避免的，但怎样突变，得到什么新的状态，出现了什么原来没有的性质，有什么新的组织结构，新的功能，新的性能，是很难精确预料和控制的。这种不可预测，不可控制的特点，是我们研究突变的巨大困难，也是系统中的难题。目前我们运用已有的各种知识，集中对某一类突变进行深入研究是可能的，但研究的结果带有强烈的个体性，针对性，专门性。寻找普适的突变研究方法仍然面临巨大的困难。有的学者明确指出[5]，突变分岔过程是系统信息增加的过程。如系统出现了两个稳定态，从某一稳定分支进入另一个稳定分支，使系统认识了多个稳定态及其分支，有的问题在演化中得到澄清。在演化过程中我们可以观测，信息量是在加大和充实的，所以突变分岔研究要特别注意系统开放性中的系统自身及与环境的信息交互。从信息中发现有价值的信息，对确认分岔、突变带来的质变有重要意义。分岔打破了线性发展，系统有了新发展方向，给出了系统演化的多种可能，既可能是进化，系统产生出使系统结构更加完善，功能更加强大，系统更加健壮的新的、质的变化；也可能是退化，使系统结构萎缩，失效，功能变弱、变坏，系统最后走向崩溃。突变的两种前景是在我们做应用研究中应特别注意的。

定义 2.9 系统的稳定性

系统的稳定性是开放系统在外界的作用下，能够在一定范围内自我调节，从而保持和恢复原来的有序状态，保持和恢复原有的结构和功能[3]。

系统的稳定性是开放系统具有的特性。孤立封闭系统只有一个前途，即有序转变为无序，熵增到最大而"热寂"，所以对孤立、封闭系统就不再讨论其稳定性。稳定性的概念不仅是系统科学中系统的重要特性之一，也是自然科学中很多学科研究的重点和热点，如从一般力学的稳定到复杂大型建筑结构的稳定；从一般电路系统的稳定到一个地区，一个国家电网的稳定；交通中各种运载工具如飞机，船舶，汽车，火车的运行稳定；大型石油，化工系统的稳定；原子能发电站的稳定等。系统的稳定性研究正是在自然科学的稳定性研究中得到启发，并从系统的角度予以抽象和研究。当然社会系统，生物系统，自然界中的很多系统，同样存在稳定性问题，所以系统科学的稳定性研究有更加广泛的对象，系统稳定性是系统的重要特性之一。

系统的稳定性研究了以下问题：什么是系统的稳定性，它和系统的目的性、整体性的关系，稳定性的类型，系统演化中会不会不稳定，为什么不稳定，实际上它和突变性是一对矛盾，突变是研究系统不稳定，质变的规律，而稳定性是研究系统稳定的规律，突变和稳定是系统的不同侧面，是有着内在的本质的联系的。

稳定性是指系统在各种变化条件下能保持自己状态的能力，能自我稳定，自我调节，保持系统的结构、功能、性能的不变化，或不出现质的变化。实际上不变化是不可能的，系统内部各层不断的产生突变，但系统的整体未发生突变，我们就称系统是稳定的，稳定性是一种静止性，因而是相对的，所以也称稳定性为相对稳定性。

拉格朗日研究提出力学体系势能最小的状态，对应着体系的稳定状态，势能不是最小的意味着相对的不稳定状态。稳定性传统上等同平衡态。力学的稳定性概念在数学中有了严格的理论，并广泛的进入到化学、生物学等学科之中。但是系统的稳定性与上述的稳定性不同，一般的平衡是指静止的稳定性，而系统科学的稳定性是指非平衡、发展中的稳定性，是指系统在非平衡状态下保持自身有序性的稳定能力，它是开放中的稳定性，是系统发展演化中的稳定性，是动态中的稳定性。

例如一个热力学系统，热量在不间断的传导，传导体各处的温度梯度不变，就是一种热力学的稳定系统。化工生产线连续动态的生产，生产线的入口输进原料，出口源源不断的产生产品，生产系统是动态的稳定，系统的稳定不仅指静止，也包含了动态的稳定。

系统的稳定性和整体性、目的性是相互联系的。系统的层次结构表现了系统的各层次，各组分也存在着稳定性。系统的各层次、各组分有着自己的目的性，稳定性，突变性。对系统来说，系统的整体性的稳定是系统级的稳定性，系统稳定性不是系统某一层次上的稳定性，是全系统的整体稳定性。生物作为一个系统，从整体的存活目的出发，它有很强的稳定性，以适应外界环境的变化和系统内部的涨落。维纳的控制论发现"负反馈"，是调节系统稳定性的重要机制。所以艾什比指出，系统的整体性、稳定性和目的性与系统的负反馈能力有关。在负反馈的基础上自我调节，自我稳定，在系统的开放性下，引入负熵，增加有序。系统内部组分的相互作用，系统和外部环境的相互作用在系统稳定性上可以清晰的看到。

系统的稳定性研究还要看到失去稳定性的一面。上面谈到系统的各层次，系统各组分在演化的不同阶段都会出现不稳定，会有突变和渐变引起系统内部的涨落。在一定的条件下，局部的不稳定引起系统的不稳定，系统就进入失稳阶段，就会进入一个新的稳定状态。系统的稳定性是系统在演化中不断的调节、平衡的结果，一旦不能调节、平衡，系统就会突变，就向前发展，所以稳定和失稳、发展是相互依存。稳定和发展的同一性是稳定性的基本原理之一。

贝塔朗菲指出，生命有机体的奥妙是生命有机体的开放系统能在动态中保持稳定[5]。超循环理论中的循环组织由其为负反馈联系起来的组织，而具有稳定性，这种稳定性不仅是系统存在的条件，也是系统发展的基础。超循环论作者艾根说"对一些催化网络的研究结果表明，超循环组织是保持信息稳定性，并促使其继续进化的一个必要条件"[11]，深刻地指出了稳定和发展的关系。

定义 2.10　自组织原理

系统的自组织是指系统的一类演化现象[2]。开放系统在演化中能够使系统不断地向有结构，有组织，多功能方向，即有序方向发展，当外界环境变化时，系统能自适应相应的变化，这种由于系统内部各组分的非线性相互作用，出现整体的协同效应，是系统自发地进行，称为自组织现象。钱学森说"系统自己走向有序的结构就可以称为系统的自组织"[4]。

组织是系统的有序结构，系统自发的生成组织是自组织，如果是由系统之外的干预下形成的系统组织为他组织[2]。自组织表示系统的运动是自发地、不受特定外来干预的进行，以系统内部矛盾为根据，以系统的环境为条件的系统，系统与环境交互作用的结果。只有开放系统才会有自组织，这不是离开系统和环境的独立性质。自组织只包含系统的自发运动过程，强调系统的自发过程，形成一定的组织结构。他组织为系统外的干预，使系统有序。自组织和他组织是相对的、统一的。系统是自组织的，但其子系统受到制约，受到特定干预，其子系统中出现了他组织。

物质世界的发展是什么力量驱动，这个问题是神学论和唯物论的争论焦点之一。中国老子说"道生一，一生二，二生三，三生万物"[3]，庄子"人法地，地法天，天法道，道法自然"，认为宇宙是自发、自我组织的过程。西方从柏拉图、亚里士多德都寻找世界发展的推动力。牛顿发现了力学是科学的，但回答不了对其原因的追问，结果回到了神学。康德—拉普拉斯—星云说，都说明非神的力量，而是自然界自组织发展的产物。

19世纪中叶，达尔文的进化论是生物学的自组织理论，马克思的五种社会形态演进理论是关于社会历史的自组织理论，相变理论是物理学的自组织理论。

20世纪50年代，控制论专家艾什比最先提出自组织系统名称。20世纪50年代到70年代的耗散结构理论，协同学，超循环论，突变论，混沌学，分形学，均以系统为重点讨论了系统的自组织演化问题。

哈肯的协同学描述了系统之间的竞争和协同推动系统从无序到有序演化，加深了我们对于系统自组织演化内部机制和动力的认识。普利高津把自组织产生的结构分为两类，即平衡结构和耗散结构。平衡结构是通过平衡过程的相变而形成的有序结构，它无须与外界环境交换，即可保持自己的结构，甚至断绝与外界的联系，才能长期保存自己。耗散结构是系统在远离平衡态的条件下通过相变而形成的结构，它必须和外部环境不断的进行交换，才能保持有序的结构。哈肯按引起自组织运动的不同方式给出了三种自组织，即改变控制参数引起的自组织，改变系统组分数引起的自组织和突变引起的自组织。超循环论指出，相互作用构成循环，提出循环分成等级的理论，从低级到高级循环，揭示了系统自组织演化发展采用循环发展的形式。突变论揭示了连续作用与系统的原因可能导致结果发生突然变化，把系统自组织的演化和相变理论联系在一起,揭示相变方式和途径,相变的多样性。

混沌分形的研究，了解自组织的复杂性。系统的开放性是自组织演化条件，非线性作用是自组织系统演化的内在动力，涨落成为系统自组织演化的诱因，循环是自组织演化的形式，相变和分叉体现了系统自组织的多样性。

系统自组织的发生可以从系统环境的角度来观察，也可以从系统的组分的角度来考察。从组分上看，有组分的质变引起的自组织，有组分的数量变化引起自组织，组分的运动状态变化引起自组织，组分的结构变化引起的自组织。

涨落是系统同一中的差异，是相对稳定平均状态的偏离，它是非平衡因素，同时涨落又是引起系统自组织，使系统进入新的有序状态的诱发因素。系统的自组织进化说明了系统的自组织性和系统目的性的紧密联系[3]。钱学森指出"哈肯的贡献在于具体地解释上述相空间的'目的点'或'目的环'是怎么出现的。他的理论阐明所谓目的，就是在给定的环境中，系统只有在目的点或目的环上才是稳定的，离开了就不稳定，系统自己要拖到点或环上才罢休，这就是系统的自组织"[4]。

一个系统在演化中是否出现了自组织，应当有一种判别的依据。目前还没有普适的判据，而是不同的系统提出了一些判据。主要有自由能判据，它是相变理论的判据，即系统从一状态自发演化到最小自由能状态就实现了自组织。熵判据，系统自组织过程是负熵过程，即减熵过程。信息判据，因为信息是负熵，表示有序度，系统自组织过程是信息增加的过程，所以有的学者用信息量的变化作为自组织判据。序参量判据，在系统中定义一个宏观变量，用它表示系统有序结构的产生和转变，这个宏观变量就是序参量。非线性动力学没有提出自组织判据，它以稳定定态的概念表示有序结构。

目前自组织的描述方法很多。在系统科学中常按自组织的过程实现的不同功能或方式来划分，包括有自创生，自复制，自生长，自适应等。常常一个自组织过程同时包括上述几种形式。自创生是指没有特定外力干预下系统从无到有的自我创造，自我产生，自我形成。自生长是指系统自我完善，系统规模增大，组分不断增加的自组织过程。自适应是系统能够靠自己的力量去建立和维持适应环境的自组织现象。自复制是指系统在没有特定的外力作用下，产生与自己相同结构的下一代，这种自组织就是自复制，自适应是通过自组织适应环境，出现新的结构，状态和功能[2]。

定义 2.11 系统的相似性

系统的相似性是系统具有相像似同的性质，体现在系统的结构和功能、存在方式和演化过程具有相似的共同性，是一种差异的共性，是系统统一性的表现[3]。

相似是系统的基本特征。没有相似性就没有普适的系统理论，各种科学系统理论都重视相似性。一种科学系统的理

70

论是对于该科学系统中的具有相似性的问题进行研究的科学。系统的相似原理是各种科学系统中一个重要的理论基础，不仅在该科学系统内广泛应用，也是不同科学系统之间进行交流的重要桥梁，所以系统的相似性是系统的重要性质之一，是系统科学的重要研究内容之一。

系统的相似性研究以下问题：系统相似的普遍性，系统的结构组织的相似性，系统的功能、性能的相似性，系统的演化的相似性，相似和差异的统一，相似的形式，以及在系统相似指导下的系统仿真。

相似的普遍性已有悠久的研究历史，古老的几何中就有相似三角形的最原始的相似概念，人在创造文字中使用了相似，产生了象形文字。当人类进入科学发达的年代，研究愈深入，差异的地方愈多，同时发现相似的事物愈多。

贝塔朗菲说"现代科学的不同学科已逐渐形成相似的一般概念和一般观点"。"纵观现代科学发展，我们遇到一个出人意外的现象：差异极大的一些领域里都独自存在着相似问题和现象"[5]。维纳认为用"控制论"这个词来标识这一个问题领域是出自一个简单的原因，我在今天的生物科学和工程科学进行研究的那些过程中，找到了许多相似的东西，因而力图使用这样的词汇，把不同的东西的相似性表示和指明出来……，我们的目的就在于把各个科学领域中进行的努力联系起来，使他们都致力于相似问题的划一的解决[12]。香农建立了信息论，也发现了通信系统的相似性，从而建立了五个基本组成部分的有关通讯系统的一般模型，依靠着这种相似性的研究，解决了通讯理论中的难题。耗散结构揭示了开放系统与环境交换时的共同的、相似的规律，开展了动态系统研究的新局面，提高了人们对系统及其演化的深入了解。协同学涉及系统通过竞争达到协同的统一中的相似性，揭示了系统自组织形成机制中的相似性。超循环论，发现了系统循环组织的相似性，这种相似的相互作用表现为循环，揭示了系统发展演化的相似性。突变论揭示了系统相变的多相性和相似性。混沌中存在无穷嵌套的结构，即分形结构，而分形结构是具有无穷自相似性。分形学是指整体系统以某种方式与系统的组分具有相似关系。分形的普遍存在证明相似性普遍存在，相似性的根本原因是世界物质统一性。综上所述，系统科学的各方面的研究都将系统的相似性作为主要研究内容。现实世界的客观存在，不同的系统是相异的但又是相似的，系统相似性是系统的基本特性。

系统的相似性不仅表现在系统的存在方式，系统的结构的相似，还存在着系统演化的相似。一般人们对结构，几何，相对静止的相似性，存在的相似性，易于理解，因为它比较直观，而对过程，运动，变动的相似性，演化的相似性，不易于理解，因为它不直观。实际上对演化的相似性研究一直为系统科学工作者关注，从混沌到有序，再从有序到混沌的演化的大过程。混沌——古代称为浑然体，无规无序混乱不堪。我们研究的混沌不是上述定义的混沌，而是随着系统科学研究的深入，发现了一种非平衡的混沌，它称为混沌序，它是复杂性之冠，混沌现象蕴藏了无穷自相似性的内部结构，分数维和普适性，它是非平衡非线性系统自组织演化的一种归宿。它从平衡混沌到有序再到非平衡混沌，这种演化的相似性，是自组织的实在过程。

演化的相似性，演化中的竞争和合作矛盾过程的相似性，从稳定到失稳再稳定的演化，不断地螺旋式的上升，在演化的过程中表现出自组织目的相似性。

72

系统相似性原理认为，相似是相对的，相似不是等同，绝对相似即等同是不存在的，差异是绝对的，相似是存在差异才有相似，只是差异居次要地位，有了相似才有差异，否则无相似就无差异。这是相似和差异的对立统一，它是从存在和演化的对立中把握相似性，存在的相似性和演化的相似性，有着不同的研究方法。系统相对静止，空间特性突出，这时从存在角度研究系统相似比较方便，系统运动时，演化的表现突出，适合从演化角度研究相似。

系统的相似性的进一步描述，就涉及到相似的程度，我们称之为相似度。一般认为同一类系统它们的相似度比较大，不同类的系统相似度比较小。在一些科学领域内，如空气动力学，流体力学和土壤力学中，利用几何上成比例的缩小的实物模型，进行空气动力学，流体力学及土壤力学的实验，就有着严格的计算相似程度的方法。这就是风洞，水槽，土槽实验工作者熟知的相似三定律，借此可以从小的模型知道实体的飞机，军舰，坦克的空中，水中，土地上的力学性能，模型系统和实装系统是相似的。但是系统科学中的系统相似还没有严格的相似度的定量描述方法，尤其是没有一个普适的方法。

系统的相似，不仅是实体系统的相似，也可以是系统的功能、性能上的相似，结构上的相似，系统的组分的相似乃至于对系统的抽象的知识，对系统的思维活动，相互关系的相似，所以系统的相似是广义的相似。系统的相似不仅是其静态的相似，其状态空间的相似，其动态相似，演化过程的相似。

系统相似性的实际运用产生了仿真科学和技术。它是运用系统相似的理论，运用数字计算机技术，传感器技术，控制技术，信息技术等多种技术及相应的系统领域的专门知识，构建真实的或虚拟的系统的仿真系统。在仿真系统上进行可以测量、控制的大量的试验，运用仿真实验的结果来分析、预测所要研究的真实或虚拟系统的规律。仿真科学与技术已经发展成为科学研究、生产管理、人员训练的重要手段。在军事上有着不可估量的重大军事、经济效益。

仿真科学与技术的核心是建立欲研究的系统模型，仿真度的好坏首先取决系统模型与真实系统是否一致，完全一致就否定了仿真系统的必要。建立的模型可以分为三大类，一是概念模型，它是以自然语言或计算机某些形式化语言的欲研究系统的知识，一般由被仿系统的领域专家提出，以保证它的科学性和相似度；二是数学模型，它是用数学语言表达欲研究的系统知识；三是计算机模型，它是用计算机语言描述的欲研究系统的知识。目前简单系统的仿真已经十分成熟，但对复杂系统，对开放的复杂巨系统尚没有解决。

定义 2.12   系统的基本规律

系统以其结构、功能、性能和演化表示了它的存在。系统本身具有的重要特性已作了分析。系统本身的基本规律是什么，魏宏森的系统论对这个问题做了全面的总结[3]。归纳的基本规律是说明系统存在的基本状态和演化发展的趋势的必然的、稳定的普遍联系和关系，便于全面地把握系统的存在和演化规律，总共归纳了五条基本规律，它们是：结构功能相关律，信息反馈律，竞争协同律，涨落有序律，优化演化律。由于系统科学的发展，对系统具有的普遍的一般的规律的研究也会更加深入，产生更新的成果，我们在系统基本规律的研究成果上，进行作战系统的规律分析。

结构功能相关律[3]

结构和功能是系统的两个基本属性，结构功能相关律是说明系统的结构和系统功能的相互关联和相互转化的规律。

结构和功能的概念不仅是系统科学的重要概念，也是各学科领域的重要概念。各学科对所研究对象的功能研究，结构研究以及结构与功能的关系研究十分重视，很多重大的发现都在结构和功能的关系上首先突破，而留下的难题常常是结构和功能上未能研究清楚的问题。

系统的结构是构成系统的组分之间的关系总和。它表现在系统组分之间的联系方式，关联的程度、秩序等，并以此组成系统的整体。这种关系是有机的联系，是系统内部的规定性，是系统的组分之间的相互联系，相互依存，相互制约并形成系统整体。由于系统的组分的情况不同，地位不同，分布不同，对系统的关联不同，所以系统组分之间的关系是不平等、不平均的，不对称的，其中一部分关系对系统没有质的影响，成为次要的关系，一部分关系是构成系统整体的关系，是系统中的重要关系。所以结构中有不同的类型，不同的层次，还可以分为实质性结构和非实质性结构、关键结构和非关键结构等区分。

功能是指系统与外部环境相互联系和相互作用中表现出来的性质、能力和功效。它是系统的外部表现形式，功能和环境是紧密相关的，一个系统在一定的环境下往往有多种功能。环境不同，表现出来的功能不同。功能是系统的外在规定性，体现了一个系统对另一个系统的关系、作用和意义。

结构和功能的关系是什么？

第一，系统的结构是系统功能的基础，系统的功能依赖于系统的结构，常说"结构决定功能"的合理的一面就是指功能对结构的依赖性。系统的组分不能直接决定功能，只有组分依照一定关系形成了结构，才会成为功能的基础。

第二，结构和功能是系统的两种属性。它们之间除了上述的关系外，还有着更复杂的关系。一个结构有多个功能，可以表现出不同的功能；环境的变化，它的功能也将发生变化；同一种功能可能由不同结构的系统所具备。为了得到一种功能，可以有多个选择的方案，就是基于"异构同功"的规律。值得注意的是，不同结构的同一功能不是没有条件的，不是不讲环境的，世界上没有不讲任何条件、不问任何环境、不同结构的同一功能的系统。这在我们建立系统模型时，可以建立系统结构模型，自然导出的功能。也可以把系统看为黑箱，直接建立功能模型，实现功能的仿真，避开了建立结构模型的困难。

第三，系统的结构和功能是相互依存、相互影响，结构决定功能是一方面，功能也会引起结构的变化，这是系统演化中的规律。生物的进化就是功能引起结构的变化，功能会反作用于结构。

综上所述，系统结构和功能的相关律告诉我们，这两者之间的关系是复杂的，它是系统科学中的一个重要定律。结构和功能本身不相同，但互相依存，互相作用，互相制约，而且在演化过程中动态的相互作用，系统的结构变化和系统的功能发挥在演化中密切联系，变化多端，还有待我们深入的研究。

信息反馈相关律[3]

系统的开放性指出了物质、能量和信息是系统和环境交换的内容。以前重视物质和能量，提出了物质不灭，能量守恒，广义相对论揭示了物质和能量之间的关系，至今人们将注意力放在要认识非物质非能量的信息的作用。控制论、信息论都不研究物质和能量，专门研究信息和反馈的科学。

信息的定量概念是由香农在 1948 年给出，

$$H = -\sum_{i=1}^{n} p_i \log p_i$$

p_i 一为第 i 个信息发生的概率，$\sum_{i=1}^{n} p_i = 1$。H 作为信息的度量，信息的物理意义是不确定性的度量。维纳说"一个消息具有的信息本质上可以解释作该消息的负熵，解释作该消息的概率的负对数"[13]。维纳指出"信息就是信息，不是物质也不是能量"[28]，之后学术界对信息做了很多研究。从不同角度对信息进行定义、描述，大体有以下几种描述：信息是人们对事物认识的不确定性度量，信息是不确定性的减少；信息是系统的有序程度，组织程度；信息是物质、能量在时间和空间的不均匀表现；信息是事物的联系、变化、差异的表现等等[3]。

反馈的原意义是把系统的输出再送回到系统的输入，从而影响整个系统的功能。由维纳在控制论中确定了反馈的基本概念，成为控制论中最重要的发现。在系统科学中，反馈也是系统的一个基本属性。由于真实系统的不同，在反馈的实际实现也完全不同，有机械的，有电子的，有生物的，有文化的，有精神的，有认知过程的反馈。但所有的反馈可以抽象到信息的概念中来，它是信息的反馈，从而调节系统结构，影响系统的功能、性能和行为，信息的反馈就会形成循环，这现象既出现在系统的内部，也出现在系统的外部，系统和系统之间。

信息反馈的相关律是系统的一个重要定律，它描述了系统中信息反馈的作用机制。反馈中有正反馈和负反馈，负反馈是系统保持稳定的因素，使系统表现出符合目的性的行为。系统中各组分相互作用，相互影响，可以抽象成信息的传递，系统运用负反馈机构，保持自己的稳定，克服内部的涨落，这一点从生物系统，社会系统，认识系统都可以观察到。当这种反馈机制能消除系统中的偏差时，系统维持原来的状态，当不能维持时，系统就会突变，产生涌现，出现新的状态，负反馈产生稳定。正反馈把系统推向偏离，物理中的振荡产生，裂变链式反应，社会上的"马太效应"，强者愈强的经济现象都是正反馈效应，从而系统进入新的层次，演化出新的性质。

信息反馈定律对系统的稳定和发展，系统的目的性和创造性是辩证统一的，负反馈消除偶然随机的干扰，使系统具有稳定性，正反馈将系统的偶然性干扰突出放大，使系统表现出随机性。由于有反馈，原因与结果关系也表现出复杂性，不是简单的原因产生结果，因为结果又可以作为原因输入，再产生结果。所以信息反馈律是系统的复杂表现的内在规律之一。

竞争协同律[3]

系统的各组分之间，系统和环境之间，系统与系统之间，相互联系、相互作用，推动着系统的演化，推动着现实世界的发展。竞争协同律指出系统内部组分之间，系统与环境的关系是竞争协同对立统一的关系。系统中各组分之间的关系中存在着相互的差异，相互对立，相互竞争，同时又存在着相互依存，相互协同。系统的差异性和同一性是辩证统一的。

竞争是现实世界中一种普遍存在的现象，表现在系统中，系统的组分之间的竞争，系统和系统之间的竞争。在达尔文的进化论中提出"物竞天择，适者生存"，指出生物物种的进化的基本规律。竞争关系也是一种相互依存的关系，在演化的过程中，就会表现出竞争。

协同是系统组分之间，系统与系统之间的一种合作性、整体性。它是系统的组分之间，系统与系统之间互相支持，互相补充的关系。哈肯的协同论就以研究性质完全不相同的子系统构成的系统，通过合作产生了系统，怎样自组织形成有一定功能的系统。而艾根的超循环理论指出，超循环机构能实现几种自复制单元整合成协同系统。合作、协同在系统的演化上有着重大意义。

在系统的竞争和协同过程中，由于非线性的作用，不可能将其分割开来分别研究。而理论上的线性系统是理想系统，是从现实中抽象，简化的系统，不是真实系统。线性系统不会造就复杂性，线性竞争和协同客观上是不存在的。系统的组分之间，系统与系统之间存在着复杂的关系，互相竞争又互相协同，而且是非线性的，相互缠绕，造成了当今复杂世界。因而竞争和协同成了系统演化中既能有保持稳定性的一面，又有突变，飞跃，涌现大量新性质的一面。竞争造成系统中的涨落，系统中各组分在获取物质、能量、信息上出现不平衡，一些组分可能突破原来的稳定域，而演化到新的状态域中。如果得到系统的响应，系统就会突变进入全系统的新状态，竞争在演化中有着创造性。而协同既可能助长了涨落的放大，也可以减少系统的涨落，通过组分之间的协同，表现出系统演化的方向，表现了系统一定的确定性和目的性。事物演化中竞争和协同是非常重要的两个因素，既表现了事物的本质，也表现了事物发展的源泉和演化机理。

涨落有序律[3]

涨落有序律是揭示系统的发展演化通过涨落达到有序的

规律。

涨落也称为起伏，噪声，干扰，扰动，从系统的存在状态看，涨落是系统相对稳定的平均状态的偏离。从系统演化看涨落就是演化发展过程中的差异。从系统的全局看，涨落就是系统的一种不平衡状态。涨落是普遍存在的，无处不在的，只要有系统，系统内和外都会遇见涨落。但它的表现是多样的，有系统内部的涨落，也有系统外部环境的涨落；有的涨落起伏量大，有的小；有的涨落引起系统不稳定，有的使系统趋向稳定；有的涨落使系统有序，有的使系统无序。涨落对于系统演化会有两种可能，有的推动系统进化，有的推动系统退化，有的使系统健壮，有的使系统崩溃。

有序是指系统内部组分之间或系统与系统之间的有规则的联系，这种联系是有秩序的，有一定规律的。而无序是指它们之间的联系没有规则。严格地说，有序，无序不是绝对的，它们是相对的概念，因为绝对有序的系统状态是不能实现的，因为它一定有涨落，而绝对无序的系统也不存在，因为它没有结构，没有层次。

对于序的认识也有多种观点，如从系统的结构和功能角度可以给出系统的结构序和功能序；从系统的时空分布给出系统的时间序和空间序；系统在时间空间的演化有系统的时空序，也可以有系统的宏观序和微观序。

有序和无序之间可以转化，这是系统科研究的重点问题。一个系统它的有序程度，或者说它的无序程度在演化中怎样变化，受系统的内在因素或受系统的外界环境因素的影响是什么，它的转化机理等，不仅系统科学，而物理、化学、生物、社会各学科门类之中都在研究这个问题。

系统的演化是进化还是退化，克劳修斯的热力学第二定律的熵增大原理，如果这个结论推广到世界，那么熵不断的增大，世界愈来愈无序，直到"热寂"。达尔文的进化论指出生物进化从简单到复杂，由低级到高级，每一个生物的诞生都是从无序到有序，给出的是世界生物的繁荣的进化现象。这个物理学和生物学的矛盾由普利高津的耗散结构理论予以解决，既没有否定热力学第二定律，也证明了系统可以从无序到有序，那就是远离平衡态的耗散结构。在与环境交换时，引入负熵，使系统的总熵量减小，使系统更加有序，这时涨落在系统中产生，在临界点形成了巨涨落时，系统可以从热力学分支进入耗散结构分支，系统经过涨落达到了有序，演化可能是进化，也可能是退化的二种趋势是客观存在的现象。涨落有序的问题尚有很多地方值得深入研究，系统的演化中，涨落有序的机制，它和竞争协同规律的关系，分岔、突变系统涌现新的状态结构的原理，都在进一步的研究分析之中。

优化演化律[3]

系统的演化中，优化在演化中得以实现，系统因此发展进化，这就是优化演化律。

系统中一部分系统，无论是天然的，还是人工制造的，都有着一代比一代强，其优点不断的集中、发展的现象，这种过程是系统的进步过程。系统科学的研究是十分重视系统的优化，从而提出了广义的进化论概念。

演化是系统的发展、变化的运动过程。从事物的本质上看运动是绝对的，没有不演化的系统，静止、凝固不变，只是系统的一个暂时状态，是一种相对状态。从前的科学以研究存在为主，它是以系统的静态为研究对象。系统科学是研究系统演化的科学，正是达尔文的进化论的成果为自然辩证法的理论提供了科学的基础，恩格斯说"整个自然界被证明是在永恒的流动和循环中运动"[14]，但至今研究存在和研究演化仍然是研究中的不同立足点，系统科学的主要研究重点都是演化中的问题。涨落，有序，竞争，协同，信息，反馈，突变，分岔均是演化中的重要研究对象。

优化是指系统演化中进步的方面，它是系统组织结构功能上的改进，是适应环境，以更高效率，更好的效益，而更少的消耗方式进步，所以优化过程是系统的进步过程。由于优劣本身是一个相对的概念，优是针对劣，劣是相对优而言，而且优的评定也和系统的结构、环境有关，不是绝对不变的，不同的条件环境，优劣观点可以转换。演化中的优化很多不是以人的意志为转移的，生物中的优化是在生存竞争中，优胜劣汰中实现的，适者生存。适就是适应自然界，不适者被淘汰，所以自然中的自组织优化是很多系统的属性。人们受到自然界的启发，在人造系统，人类很多工程中自觉地运用优化技术，从而在工程技术，社会经济，作战中有了广泛的运用，使各种人造系统的演化优化得以实现。控制中的自适应、优化控制，军事运筹学中的优化都成为一个重要研究内容。优化的核心是系统的优化，不仅是组分的优化，不仅是局部结构的优化。从系统科学的观点看，系统整体的优化和系统组分的优化的关系，不是简单的关系，即系统整体优化和系统组分的优化不是必然的关系，系统各组分不是最优，但系统可以最优；系统组分都是最优，系统可能不是最优。系统的优化是在系统整体涌现中的优化，组分的优化不会简单的叠加到整体上。从系统学的观点上看，整体最优并不要求系统组分最优，这为我们研究整体性能时有了新的思路。追求系统在演化中的优化是系统科学工作者们认清系统性质和规律后的一件务实的工作。

2.2　动态连续系统的基本特性

动态连续系统是以确定性的模型对动力学系统研究的成果，是系统科学中研究最成熟的一类系统。以它为重点展开系统的研究，可以比较全面的领会系统化的主要知识，其他尚有各类系统，如离散系统等，就不一一讨论。建立模型时需要系统科学和相关的学科领域的知识并有相应的理论和方法，本章也不做讨论，留给仿真科学与技术这个学科去研究。本章认为连续系统模型已建立，重点研究动态连续系统的性能。

目前动态连续系统的模型是确定性的模型，它没有研究随机性，尽管确定性模型会引出不确定的结果，这说明了确定和不确定之间的密切联系，但整个模型是确定的。基于数学的原理模型可分为两大类，一类是线性系统模型，一类是非线性系统模型。系统所有的概念、特性适用于两类模型。

2.2.1　线性系统

线性系统理论是今天最成熟的系统理论，它的数学理论已经完备，而且丰富，但是系统科学的主要研究对象是非线性系统，至今尚无普适的方法，也可能没有普适的方法。线性系统是现实系统的一种抽象，是非线性系统的简化，所以线性系统仍是研究非线性系统的一种常用的方法[2]。

定义 2.13　线性系统

能够用线性数学模型描述的系统，称为线性系统。

令 f 代表某种数学操作，x 为数学操作对象，$f(x)$ 表

示对 x 施加 f 操作的结果，如满足

加和性：

$$f(x_1+x_2)=f(x_1)+f(x_2) \tag{2.2.1}$$

齐次性：

$$f(kx)=kf(x) \tag{2.2.2}$$

就称操作 f 为线性

（2.2.1）与（2.2.2）合并有

$$f(ax_1+bx_2)=af(x_1)+bf(x_2) \tag{2.2.3}$$

称为叠加原理，a，b 为常数，满足叠加原理的操作就是线性操作，不满足叠加原理就是非线性操作。

动态连续系统的状态变量只与时间有关，和空间无关，为集中参数系统，用常微分方程描述，如果系统的状态变量不仅与时间还与空间等因素有关，称为分布参数系统，用偏微分方程描述。

这种分类是对连续系统的分类，实际上集中参数系统是现实中的抽象，而普遍存在的是分布参数系统，分布参数的求解比较困难，当把系统的问题简化，将系统的构成参数抽象成集中时，数学上容易处理，所以集中参数是分布参数的一种简化研究方法。例如研究一个电路，它的电流、电压是动态连续系统，但它的电阻、电容、电感都和回路处处有关，它本质上是分布系统，但作为它的简化，把电阻、电容、电感都集中在一起，成为与空间无关的量时，方程就成了常微分方程，这时容易求解。

连续动态只与时间有关的线性系统，用常微分方程描述，对单输入单输出的系统，可用一元高阶微分方程，也可以多元一阶联立微分方程组表示。

一元高阶段微分方程形式为

$$a_0 y^{(n)} + a_1 y^{(n-1)} + \cdots + a_n y = c_0 u^{(m)} + c_1 u^{(m-1)} + \cdots c_m u$$

$$(2.2.4)$$

式中

y 为系统变量，$y^{(i)}$ 为 y 的 i 阶导数

u 为环境输入系统变量，$u^{(j)}$ 为 u 的 j 阶导数

a_0, $a_1 \cdots a_n$, c_0, c_1, $\cdots c_m$ 为常数，通常 $a_0 = 1$

多元一阶微分方程组的形式为

$$\frac{dx_1}{dt} = \dot{x}_1 = a_{11} x_1 + a_{12} x_2 + \cdots + a_{1n} x_n \qquad (2.2.5)$$

$$\frac{dx_2}{dt} = \dot{x}_2 = a_{21} x_1 + a_{22} x_2 + \cdots + a_{2n} x_n$$

$$\cdots$$

$$\frac{dx_n}{dt} = \dot{x}_n = a_{n1} x_1 + a_{n2} x_2 + \cdots + a_{nn} x_n$$

式中 x_1，x_2，$\cdots x_n$ 为系统状态变量，$\dot{x}_1$，$\dot{x}_2$，$\cdots \dot{x}_n$ 为系统状态变量的一阶导数。

系数矩阵为

$$A = \begin{bmatrix} a_{11} & \cdots & a_{1n} \\ \vdots & & \\ a_{n1} & \cdots & a_{nn} \end{bmatrix} \qquad (2.2.6)$$

令 $\qquad X = (x_1, \ x_2, \ \cdots, \ x_n)^T$

则 $\qquad \dot{X} = (\dot{x}_1, \ \dot{x}_2, \ \cdots, \ \dot{x}_n)^T$

$$\dot{X} = AX \qquad (2.2.7)$$

若 $A \{a_{ij}\}$ 均为常数，称常系数方程。

若 a_{ij} 为时间函数 $a_{ij}(t)$，即 A 为 $A(t)$，或 A 为其它参量的函数，则为变系数方程。

当考虑到环境输入时，系统的完整表示为

$$\dot{X} = AX + BU \tag{2.2.8}$$

U 为环境输入变量，为 $\{u_1, u_2, \cdots, u_p\}$

B 为输入矩阵

为

$$\begin{bmatrix} b_{11} & \cdots & b_{1p} \\ \vdots & & \\ b_{n1} & \cdots & b_{np} \end{bmatrix} \tag{2.2.9}$$

当考虑到系统对环境输出时有[2]

$$y = CX + DU \tag{2.2.10}$$

y 为系统输出变量，y 为 $\{y_1, y_2, \cdots, y_q\}$

c 为输出矩阵

$$\begin{bmatrix} c_{11} & \cdots & c_{1n} \\ \vdots & & \\ c_{q1} & \cdots & c_{qn} \end{bmatrix} \tag{2.2.11}$$

D 为关联矩阵

$$\begin{bmatrix} D_{11} & \cdots & D_{1p} \\ \vdots & & \\ D_{q1} & \cdots & D_{qp} \end{bmatrix} \tag{2.2.12}$$

现实世界中几乎不存在线性系统，因此上述的线性方程是从现实中根据以下简化获得的。

(1) 如果系统的许多非线性因素微弱，允许忽略不计，近似满足叠加原理，从而形成线性方程。

(2) 在非线性很强的系统中，只关心局部的性质，如在某一点处，系统的非线性模型满足连续性和光滑性的要求，即 X 和 X' 有导数且连续，可以在该点附近进行线性化，得到线性方程，作为非线性系统的局部近似。对一些系统这种线性化可以满足研究的需要，可以有足够的精度接近被简化的非线性系统，因而线性系统的理论和方法是有重要现实意义的。

（2.2.5）微分方程的特征方程为

$$\lambda^n + a_1\lambda^{n-1} + \cdots\cdots a_{n-1}\lambda + a_n = 0 \qquad (2.2.13)$$

令 λ_1，λ_2，$\cdots\cdots\lambda_n$ 为其特征根，则方程（2.2.5）的通解为

$$X_{(t)} = \sum c_k e^{\lambda_k t} p_k(t) \qquad (2.2.14)$$

c_k 为初值决定的实常数，$p_k(t)$ 为多项式，由动力学方程和初始态决定。

2.2.2 非线性系统

定义 2.14 非线性系统

当数学操作 f 不满足叠加原理，则为非线性数学操作，系统不能用线性数学模型来描述，必须用非线性数学操作构成的数学模型来描述，这就是非线性系统。非线性是系统的无限多样性，差异性，复杂性的主要根源。正因如此，非线性系统的数学模型只给出了它的一般形式化表示，还没有普适的数学模型，是根据系统常见的，研究的需要及问题的性质给出各种具体非线性数学模型，也就是特殊的非线性模型。

定义 2.15 非线性连续系统动力学方程的一般形式为[2]：

$$\dot{x}_1 = f_1\ (x_1,\ x_2\cdots\cdots x_n,\ c_1,\ c_2,\ \cdots\cdots c_m)$$
$$\dot{x}_2 = f_2\ (x_1,\ x_2\cdots\cdots x_n,\ c_1,\ c_2,\ \cdots\cdots c_m)$$
$$\cdots$$
$$\cdots \qquad\qquad (2.2.15)$$
$$\cdots$$

$$\dot{x}_n = f_n\ (x_1,\ x_2 \cdots \cdots x_n,\ c_1,\ c_2,\ \cdots \cdots c_m)$$

其中 $F = (f_1,\ f_2,\ \cdots \cdots f_n)$，$f_1 \cdots \cdots f_n$ 中至少有一个是非线性的数学操作，如非线性函数，非线性变换等。

$C = \{c_1,\ c_2,\ \cdots,\ c_n\}$ 称为控制向量，

则方程式（2.2.15）为

$$\dot{X} = F\ (X,\ C) \tag{2.2.16}$$

线性方程是非线性方程的特例，在系统科学中（2.2.15），（2.2.16）及线性方程（2.2.5），通称为系统的演化方程。

定义 2.16　自由系统和强迫系统

系统的演化方程中，状态变量的导数只和状态变量有依赖关系，没有外来作用项，称为自由系统，如果方程中有外来作用项 $\psi(t)$，称为强迫系统，强迫系统表示如下

$$\dot{X} = F(x,c)\ + \psi(t) \tag{2.2.17}$$

如果引入 $x_{n+1}(t)$，令 $\dot{x}_{n+1}(t) = \psi(t)$，则强迫系统可以转为自由系统。这时系统的状态变量由 n 增加到 $n+1$，这样的处理，我们可以通过研究自由系统，来研究强迫系统。

定义 2.17　自治系统和非自治系统

系统的演化方程，明显不包含时间 t 的是自治系统，如果明显包含 t，则为非自治系统。

$$\dot{X} = f\ (X,\ C,\ t) \tag{2.2.18}$$

是非自治系统，如变系数系统，强迫系统都是非自治系统。我们引入 $X_{n+1} = t$，把时间 t 看成系统的一个新的状态变量，非自治系统也转变为自治系统。其研究结果可以推广到非自治系统。

综上所述，强迫系统，非自治系统通过转化为自由系统

和自治系统，所以系统科学把自由系统，自治系统作为基本的动态系统研究对象。

定义 2.18 非线性的研究方法[2]

（1）解析法　由于非线性函数具有无穷多的不可互换的形式，它说明了非线性系统有无穷多的、不同的定性性质，一般不可能有非线性的解析解，只在极个别特殊的情况下可能有解析解，但绝大多数不可能有解析解。

（2）几何方法　采用定性分析非线性方程解的性质，而不去解方程，系统维数较低的还可以用图象分析法，庞加莱开辟的微分方程的定性理论提供了这方面的工具。

（3）计算和仿真的方法　采用计算机对非线性方程进行数值计算，当遇见有弱非线性方程，可以在某点展开成线性项，略去非线性项，可以按线性方程求解。对强非线性方程，如它在某一点处满足连续、光滑的要求，可以按上述在该点展开，略去高次项，当成线性求解。如果还不能满足要求，可以把非线性项看成扰动因素，对线性结果予以修正，这叫线性化加微扰动法，有较好的效果。对具有间断点，不光滑点的非线性问题，不能用上述方法。上述简化，不能用于大范围的全局的问题。尤其略去的非线性项，正可能是问题的关键，略去就会出现错误。

仿真的方法是在计算机上进行非线性系统的实验的方法，它不仅有非线性系统的仿真模型，它还有各种相应的物理设备构成一个以计算机为核心的实验系统。实验能力取决于仿真系统的规模和结构。由于非线性的复杂性，实验不可能一次，这均由实验设计来安排，它能适应较多的非线性系统，也没有数值计算方法那么多约束。仿真的方法日益成为非线性系统的求解的主要方法。

2.2.3 研究系统整体性能的定性方法

定义 2.19 相空间

系统所有状态构成的集合，叫状态空间，又称相空间。系统有 n 个独立的状态变量（x_1，x_2……x_n），以状态变量为轴，构成的几何空间，就是相空间。N 为维数，状态变量的每一组具体数值为系统的一个具体状态或相，它和相空间中每一个点相对应，空间中的每个点称为状态点或相点。

定义 2.20 相轨道

演化方程的解 $X(t)$ 称为相轨道，它是相空间中很多点的集合，称为一条相轨道。状态在相空间中沿轨道运动，就是一个流（flow）。方程的解无穷多，轨道就无穷多。我们可以不研究每一个具体的轨道，而是研究全部轨道和它们的分布，来把握系统的整体性。

定义 2.21 参量空间

参量空间，以非线性系统的控制参量（c_1，c_2……c_m）为坐标轴，构成的 m 维空间称为参量空间，也称为控制空间。

非线性系统中的控制参量不一定都是常量，本身是可以变化的。不同的控制参量对非线性系统的影响很大，控制参量的变化，不仅引起系统的某些特性的变化，还会引起系统结构、功能的质的变化。有的非线性系统对这些参量十分敏感，极小的变化引起系统极大的改变，所以将控制空间作为我们深入研究非线性系统的重要方面。

定义 2.22 乘积空间

有时要同时在状态空间和参量空间中一起研究系统，我们把状态空间和参数空间合起来，形成一个更高维空间叫乘积空间。

定义 2.23 定态

系统到达某个状态后，若无外部作用驱使下将保持不变的状态或反复回归的状态称为定态（steady state）。定态在系统中只占一小部分，由状态空间中的点集来表现。

系统的定性性质由定态决定，不同的定态代表不同的定性性质。从一种定态到另一种定态就是系统从一种性质到另一种性质的转变，在系统科学中称为系统的相变。系统演化的理论主要是定态的理论。

定义 2.24 暂态

系统在某个时刻可能达到，但不借外力就不能保持或不能回归的状态或状态集，称为暂态（transient state）。它在状态空间中占大多数，暂态是系统确定性性质的必须量的积累，不能表现本质特性。

定义 2.25 系统定态的种类有

（1）平衡态

数学上一阶导数为零的点来刻画不动点（fixed point），系统 2.2.15 的不动点满足以下条件的状态点

$$\dot{x}_1 = \dot{x}_2 = \cdots\cdots = \dot{x}_n = 0 \qquad (2.2.19)$$

式（2.2.19）称为系统不动点方程，即这点上所有导数为零，系统处在平衡运动状态。

（2）周期态

如果 $\phi(t)$ 是系统演化方程的一个解，满足

$$\phi(t+T) = \phi(t) \qquad (2.2.20)$$

T 为常数，则称 $\phi(t)$ 是方程（2.2.15）的以 T 为周期的周期解。周期解在相空间表现为一条闭曲线，是系统的一条周期轨道，也称为极限环，因为在 $t \to \infty$，或 $t \to -\infty$ 时，附

近的相轨道以该闭曲线的极限。极限环在二维平面上的闭曲线，在三维空间为一个闭曲线环。

（3）拟周期态

以多个不同周期且周期比为无理数的周期运动叠加在一起的复杂运动形式，称为拟周期态，由三维或更高维的环面描述。

（4）混沌态

混沌态是近年研究中发现非线性系统的一种复杂的定态，它的表现为非周期性，但它的运动是有界的，它相空间的轨迹既不是封闭曲线，也不是发散曲线，而是有着确定性随机性。产生了很奇怪的轨道丛，轨道丛中存在着自相似性（分形）。所以它既稳定又不稳定，既确定又随机，表现出十分复杂的状态。它是确定性方程描述非线性系统中特有的一种运动形式，线性系统不会产生，也不是所有非线性系统一定产生，但产生混沌的一定是非线性系统。由于它揭开了系统复杂性很多新的特性，是系统科学非常重要的一个研究方向。

定义 2.26　初态和终态

以 t_0 记系统的初始时刻（一般取 $t_0 = 0$），系统的状态为系统的初始状态，简称初态，以向量形式记为 $X_0 = X(t_0)$，演化方程的每一个解 $X(t)$ 代表一个行为过程，轨道就是初态和所有后续时刻 t 的状态 $X(t, X_0)$ 的组成的集合。

相空间中的无穷多轨道中，一类是定态组成轨道，每个定态是一条轨道。不动点是包含一个点的轨道，系统在那呆着不动，它代表一条特殊的轨道。极限环包含无限多个状态的闭合轨道，系统沿极限环做周期运动，环面是拟周期态的轨道，混沌定态是代表系统一个轨道丛。另一类轨道由暂态组成，称为暂态轨道。

暂态轨道中当 $t \to \infty$ 时，系统的极限状态，即 $t \to \infty$ 时到达的状态叫终态。终态中有两种，一种是以定态轨道为极限，即存在有极限轨道，另一种是当 $t \to \infty$ 时，$X(t, X_0)$ 发散，不存在有限极限。

2.2.4　稳定性

在研究系统稳定性（stability）时，可以不必求出方程的解，而根据方程的结构参数提取关于系统稳定性的信息，这种方法称为判定稳定性的直接方法，其中李雅普诺夫方法比较著名。

定义 2.27　稳定性

稳定性是指系统的结构、状态、行为的恒定性，也是系统、结构、行为的抗干扰的能力。小的扰动引起的偏离小，系统是稳定的，如果偏离不断增大，出现大范围的振荡，或无穷发散，系统为不稳定。

系统稳定性好，系统的维生能力好，但是稳定的系统，它没有变化、发展和创新的可能。不稳定性在系统的演化理论中有非常积极、建设性作用。稳定是发展的前提，因为新状态，新结构，新模式不能稳定，没有能力保持自己，也不可能取代旧状态，旧结构，旧模式。目前稳定性的定义有多种，这里介绍系统局部稳定性的几个定义，较多采用李雅普诺夫的定义。

李雅普诺夫（A. M. Lyapurov）定义的稳定性。

（1）令 $\phi(t)$ 为微分方程 $X' = f(X, C)$ 的一个解，$X = X(t)$ 为任何初态扰动 $X_0 = X(t_0)$ 引起的解，对于每个足够小的 $\varepsilon > 0$，总有 $\delta(\varepsilon) > 0$ 使得只要 $t = t_0$ 时满足，

$|X_0-\phi_{(t_0)}|<\delta$，就有

$$|X_{(t)}-\phi_{(t)}|<\delta \tag{2.2.21}$$

对所有的 $t\geqslant t_0$ 成立，称 $\phi_{(t)}$ 是李雅普诺夫稳定，否则 $\phi_{(t)}$ 为不稳定。

（2）如果 $\dot{X}=f$ （X，C）的解 $\phi_{(t)}$ 是稳定的，而且

$$\lim|X_{(t)}-\phi_{(t)}|=0 \tag{2.2.22}$$

称 $\phi_{(t)}$ 是李雅普诺夫渐近稳定（Lyapurov asymptotically stable）。

稳定不是指扰动后系统一点不变，而是扰动足够小，引起系统的变化偏离也足够小，系统有能力保存自己并发挥功能。稳定不要求最终消除偏离，只要求偏离限制在一定范围，因而渐近稳定是稳定性的严格要求，它要求系统走向终态偏离将消失，随意平衡是李氏稳定例子，而磨擦等阻尼运动是渐近稳定例子。李雅普诺夫的渐近稳定很严格，而庞加莱定义的稳定性有所放宽。

定义 2.28 庞加莱定义的稳定性

（1）令 Γ 是动力学方程的解 $\phi_{(t)}$ 对所有 t 定义的轨道，Γ' 为解 $X(t)$ 对所有 t 定义的轨道。对任一 $\varepsilon>0$，总有 δ（ε）>0，只要

$$|\phi(t)-X(\tau)|<\delta（\varepsilon） \tag{2.2.23}$$

对某个 τ 成立，就存在某个 $t(t')$ 使得

$$|\phi(t)-X(t')|<\varepsilon \tag{2.2.24}$$

对所有的 $t>0$ 成立，则称轨道稳定。

（2）如果当 $t\to\infty$ 时，Γ' 趋向于 Γ，就称轨道 Γ 为渐近稳定的。

李氏稳定要求 $\phi(t)$，$X(t)$ 在 t 的同一时刻必须相互接近，比较严格，而庞氏定义的两个解，经历相同的历史，但

时间尺度可能不同，两者的时间对应为 $t(t')$，也可以讨论其稳定性。

定义 2.29 定态稳定性

从相空间看，稳定性是受扰动后它附近轨道的稳定性问题。因而主要是定态稳定性，通过分析定态四周的所有轨道的终态来分析系统的稳定性。定态中最简单的是不动点，我们先分析和考察不动点稳定性，以三维相空间为例，它有四种不动点，研究中为简化将把不动点放在原点。

（1）焦点型不动点

四周为螺旋线的相轨道，以不动点为极限点，有两种情况，螺旋线向不动点收缩的为稳定焦点（图 2—3），相反，远离不动点为非稳定性（图 2—4）。

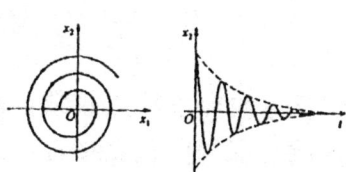 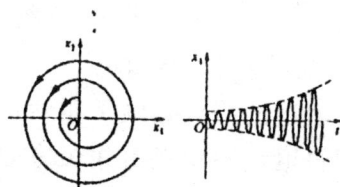

图 2—3   图 2—4

（2）结点型不动点

四周为非螺旋线形轨道，正规的是指向不动点的直线，沿一轨道从无限远趋向不动点为稳定（图 2—5），从不动点向外，远离不动点为不稳定（图 2—6）。

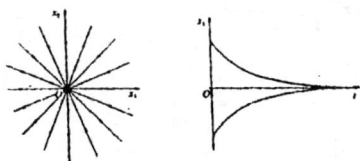 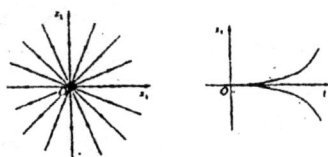

图 2—5   图 2—6

（3）中心点型不动点

不动点四周布满周期不同的闭合轨道，以邻近不动点附近任何点为初态，系统将做周期运动，这种平衡态对扰动不敏感，只要扰动足够小，偏离也足够小，中心点是稳定的，但不是渐近稳定（图 2—7）。

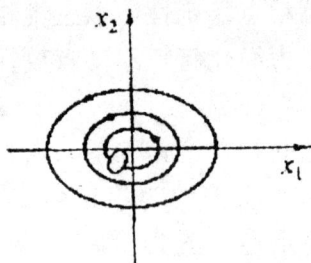

图 2—7

（4）鞍点型不动点

轨道的特点是两条相轨道从相反方向向不动点收敛，两条相轨道从不动点沿相反方向外发散。都先向鞍点接近，又远离鞍点而去，所以鞍点整体上是不稳定的（图 2—8）。

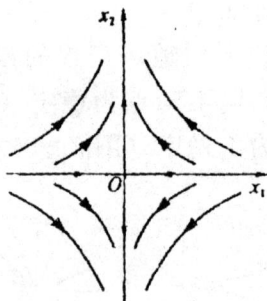

图 2—8

定义 2.30　极限环或周期性轨道的稳定性

极限环或周期轨道的稳定性有三种情况：

（1）稳定的极限环

所在环外轨道向极限环收敛，所有环内轨道也收敛于极限环，这是稳定的（图2—9）。

（2）不稳定的极限环

所在环外轨道向外卷，环内向更内部卷，都远离极限环，这是不稳定的（图2—10）。

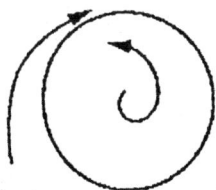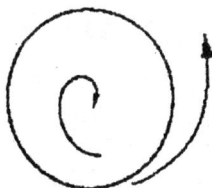

图 2—9　　　　　　　图 2—10

（3）单侧稳定的极限环，即环的内外有一侧是收敛于极限环的，而另一侧远离极限环，仅有收敛的一侧为稳定，另一侧为不稳定，内侧还是外侧都可能，但只有一侧稳定（图2—11）。

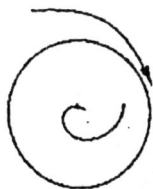

图 2—11

定义 2.31　暂态的稳定性

暂态在相空间也有轨道，它的稳定性研究，先将定态稳定性研究清楚了，它四周的暂态稳定性就明确了。如中心点是平衡运动，周围的暂态轨道是周期运动，虽然性质不同，都是李氏稳定，但不是渐进稳定。鞍点有两条稳定的轨道，但其他轨道都不稳定，总体上是不稳定。

定义 2.32　系统的稳定性

稳定性是动态系统的问题，它主要研究什么是动态系统稳定性，稳定性有哪些类型，怎样判断动态系统的稳定性，动态系统是否存在不稳定性，在什么条件下会失去稳定性，怎样向新的稳定过渡等一系问题。

（1）线性系统稳定性。由于线性系统有解析解，不妨从解来分析。以一阶微分方程为例。

一阶微分方程用

$$\dot{x} = \frac{dx}{dt} = ax \qquad (2.2.25)$$

通解为

$$x(t) = ce^{at} \qquad (2.2.26)$$

c 为初始态决定的积分常数。

初始态为 x_0，则特解为

$$x(t) = x_0 e^{at} \qquad (2.2.27)$$

a 为特征指数　$a > 0$　$x(t)$ 发散，不稳定，

$\qquad\qquad\qquad a < 0$　$x(t)$ 收敛于平衡态，稳定，

a 的判断要从其特征根 λ_k 来判断。

$\lambda_k = R_k + iI_k$，R_k 为实部，I_k 为虚部。

从 $x_{(t)} = \sum c_k e^{\lambda_k t} p_k(t)$ 来看，由于指数函数比多项式具有更强的收敛和发散能力，所以 λ_k 中的 R_k 对稳定性有重大影响。判断线性系统的稳定性的方法如下：

所有 λ_k 的实部 R_k 均为负数，系统渐进稳定。至少有一个 λ_k 的实部为正数，系统不稳定。所有 λ_k 实部为非正数，

至少有一个为零，可能稳定，可能不稳定，系统为临界，要进一步判断。

（2）非线性系统的稳定性

非线性系统的某个解的稳定与否，不能断定其他解的稳定，所以只讨论某个解的稳定，不能通过少数解来讨论系统的稳定性。

非线性系统在某个局部，如其系统演化方程连续光滑，可在此局部线性化，略去高次项，经简化得到线性方程组。这个线性系统的稳定性，作为非线性系统在此局部的稳定性，称为非线性系统的线性稳定性分析。也称为李雅普诺夫第一种方法，但这种方法要求解线性方程。另外，不解方程，从方程的结构和参数提取系统的稳定性信息，直接进行判断，这种方法称直接法。其中，李雅普诺夫直接方法是，构造一个函数 $V(x)$，将稳定性分析转为对 $V(x)$ 的分析，判断是否稳定。对于系统存在连续可微的正定函数 $V(x)$，如果

$$\frac{dV}{dt} = \sum_{i=1}^{n} \frac{\partial V}{\partial x_i} \cdot \frac{\partial x_i}{\partial t} = \sum_{i=1}^{n} \frac{\partial V}{\partial x_i} f_i \leqslant 0 \qquad (2.2.28)$$

即 $V(x)$ 沿着轨道的全导数为非正，则系统的零解是稳定的。如果

$$\frac{dV}{dt} = \sum_{i=1}^{n} \frac{\partial V}{\partial x_i} f_i < 0 \qquad (2.2.29)$$

即 $V(x)$ 沿着轨道的全导数为负，即 $V(x)$ 的全导数作为 x 的函数是非正的，系统的零解是李氏渐近稳定。

$V(x)$ 称李雅普诺夫函数，它不存在一般构造方法，只给出了稳定性的充分条件，不满足其条件的不一定不稳定，要用其它方法判别。当然系统是渐近稳定的，一定存在 $V(x)$ 函数。

2.2.5 动态连续系统的吸引子

在相空间中对系统状态的研究，发现相空间中的一些点，它们可能是一个点，也可能是有限个点或无限多个点，这些点能对四周的轨道有吸引性，这种吸引性明显的表现了系统的目的性。正如钱学森所说："在给定的环境中，系统只有在目的点或目的环上才是稳定的，离开了就不稳定，系统自己要拖到点上环上才能罢休"。这种演化过程中的发展趋势和方向，与这些点的位置和性质有关。

定义 2.33 吸引子（*attrator*）

吸引子是同时满足以下三个条件的点的集合。

（1）终极性，处于吸引子态的系统，不再具有力图改变这种的能力，它是系统演化行为要达到的终极状态。

（2）稳定性，吸引子具有抵制干扰、保持自身特性或稳定性的能力。

（3）吸引性，吸引子对周围其他状态或轨道有吸引性，只要系统尚未达到吸引子态，现实状态与吸引子态之间，存在有非零的指向吸引子的牵引力，牵引系统向吸引子运动。

吸引子是定态，而且是稳定的定态。一切暂态，不稳定态都不是吸引子，但稳定态无吸引性，也不是吸引子，它虽有稳定性而无吸引性，如具有李雅普诺夫稳定性要求的中心点就不是吸引子。吸引子定义中的第三条是非常重要的一条，它表示了系统的目的性。

定义 2.34 常见吸引子有以下几种

（1）焦点和结点代表系统的平衡运动。

（2）极限环代表系统的周期运动。

（3）环面代表系统的拟周期运动。

（4）奇怪吸引子代表系统的混沌运动。混沌不是简单的无序和混乱，它只是没有明显的周期和对称。而具有无穷嵌套的自相似结构。

（5）混沌边缘代表介于前三种有序的运动和混沌之间的运动。

系统的目的性常常使人觉得很神秘，从动态连续系统的研究中，用吸引子来说明它就很清楚了。也就是说，凡是存在吸引子的系统均是有目的的系统，有目的的系统一定存在吸引子。从系统的暂态向稳定的定态运动的过程，就是系统寻找目的的过程。存在吸引子的系统在演化中均有要达到目的的行为特征。系统的目的态不仅是系统自身，而且和环境紧密相关。稳定的定态是系统和环境相互作用达到的平衡态。

定义 2.35　吸引域

吸引子在相空间中所分割的范围称为吸引子的吸引域，凡是以此范围内的点为初态而开始的轨道都趋向吸引子，相空间中这些点的集合，就是吸引子的吸引域。

吸引域是相空间中以吸引子为中心的一片区域，表示了吸引子的吸引范围，而吸引子是这个区域中的汇集点，所以吸引子又称为汇（Sink）。

定义 2.36　排斥子

相空间中的一类点或点的集合，对周围的任何轨道都是排斥的，从附近任何点开始的轨道随时间展开，都将离开该点或集合远去。这种点和点的特殊集合，称为排斥子。

排斥子表现了目的性的另一个方面，它将轨道推向远离排斥子的方向，所以排斥子又称为源（Source），系统中不稳定的焦点，不稳定的结点，不稳定的极限环，不稳定的环面都是排斥子，但鞍点和半稳定的极限环不是排斥子。

定义 2.37　指标

动态连续系统的微分方程的特征值 $\lambda = R + iI$ 的实部 R 的符号有重要的动力学意义。实部为正的特征值的数目，称为系统的指标。指标为 0 的定态为吸引子。指标为 n（系统维数）的定态是排斥子。指标介于 0 和 n 之间的定态是鞍点。指标从 1 到 $n-1$ 为各种鞍点，性质上有差异。

定义 2.38　系统相图

确定一组控制参量后，在相空间中用几何图形直观地表示系统所有可能的定态，标明定态的类型，个数，分布及每个定态周围的轨道特性和走向，这种图形称为系统相图。系统学研究相空间可以用定性的方法，即不在于描述每一条轨道的详细参数，而是刻画一切可能的规定的集合，弄清轨道的类型和分布，从整体上把握动态的运动规律和特性。这就是运用相图定性研究系统的方法。

定义 2.39　线性系统的相图分析

相图分析只可能有不动点型的定态，不可能有极限环，环面和其他复杂的定态，至多可能有一个吸引子。当有一个吸引子时，如有整个相空间是它的吸引域，系统只有一个前途，以吸引子为其终态，没有不同前途的相互竞争。

线性系统是简单系统，它的整体演化规律也是简单、明确的。

定义 2.40　非线性系统相图分析

非线性相图十分丰富，非常复杂。如果采用局部线性化，求出不动点，用线性化方法分析。演化方程中若没有线性项，线性化无效，无法用线性化分析，非线性系统中有各种定态，平面极限环和空间极限环，高维环面，奇怪吸引子，混沌边缘等多个定态并存，多个不动点并存，各种定态组合均能出现。

多个吸引子并存，把相空间划分成多个吸引域，区分吸引域的分界线就是关键。规则的吸引子的分界线、分界面也是规则的。奇怪吸引子，分界线、分界面是复杂的分形结构。

2.2.6 动态连续系统的周期运动及回归性

在系统的演化过程中，在现实的世界中，我们看见系统的状态会有一定规律的起伏、变化。表现在数量上忽大忽小的变化，表现在方向上的忽这忽那的变化，表现在事物的性质上的忽"好"忽"坏"的变化，也表现在系统的一些整体特性上时而这样、时而那样的变化。其中有一种是往复的、变到一定时候就向相反方向然后周而复始的变化，我们称为振荡，最简单的振荡有固定的周期，称为周期运动，如自然界的白天与黑夜，物理学上的钟摆，生命中的心跳和呼吸等等。

定义 2.41 系统的自激振荡

自激振荡是系统在没有外部周期作用的驱动下，出现周期运动。它是由于系统自身的内部因素而产生，它的振荡频率、振幅都由系统的自身原因而决定，这种振荡称为自激振荡。

自激振荡的根源为系统的非线性。我们把非线性系统线性化时，会破坏系统的自激振荡的条件。自激的数学表示为极限环。极限环稳定，振荡自己可以维持，称为自持振荡，极限环不稳定为非自持振荡。

定义 2.42 他激振荡

系统在周期性的外部作用下，系统出现的周期运动叫他激振荡，也称为强迫振荡。它的振荡的情况由外部的作用与系统的结构来决定。

线性系统在强迫振荡中会产生与外界强迫因素相同的振荡周期，而振幅和相位和系统的结构有关。只有外界有稳定的强迫振荡原因时，系统才有稳定的振荡过程。

非线性系统在外力强迫振荡时，情况非常复杂，它可能出现与强迫原因相同的振荡频率，也可能产生新的振荡频率，也会出现多个吸引子，产生多个稳定性，不同频率共存的运动。非线性系统在强迫振荡因素激励下，会产生十分复杂的振荡乃至混沌过程。

定义 2.43　极限环分析

极限环为相空间中的闭合轨道，一维系统不可能出现极限环，不会振荡。二维以上可能出现振荡，有振荡就会出现极限环。给定系统的演化方程，判别系统是否存在极限环，分析极限环的性质，就可知振荡的形态，这种方法称为极限环分析。

我们先将极限环和中心附近的闭合环道区分清楚。下面的列表说明它们的差异。极限环和中心点附近的闭合运动轨道的区别，用下面的表来说明。

极限环	中心点附近的闭合运动轨道
孤立的闭合轨道，邻域不存在其他闭合轨道。	中心点本身为非闭合轨道，邻域中存在无穷多条同类闭合轨道。
对周围轨道不是排斥就是吸引，或某方面排斥，另一方面吸引。	闭合轨道不相互吸引和排斥。

极限环	中心点附近的闭合运动轨道
这是一类定态，代表系统一种行为体制或运动体制。	中心点附近闭轨道代表系统扰动态，不代表运动体制。
它是 $t \to +\infty$ 或 $t \to -\infty$ 系统的终态。	不代表终态。

定义 2.44 判断极限环存在的方法

给出一个系统，有下面几种方法判断系统有没有极限环。

（1）梯度系统，不存在极限环，它不会发生自激振荡。

给出非线性系统，$\dot{x} = f(x)$，如果有一个单值标量函数 $V(x)$ 存在，并有

$$\frac{\partial V}{\partial x} = -f(x)$$

就称这个系统具有势函数 $V(x)$ 的梯度系统。

只要证明系统是一个梯度系统，它就不存在极限环，不会自激振荡。

（2）如果 $\dot{x} = f(x)$ 为非梯度型系统，在不动点 X_e 附近没有可构建一个李雅普诺夫函数（沿轨道减少的类能量函数），则 X_e 是渐近稳定的，没有闭轨道极限环。

（3）迪拉克判据（Culac criteria）。

设系统 $x' = f(x)$ 定义在单连通平面域 R 上的连续可微向量场，如果存在一个连续可微的实值函数 $g(x)$，使 $\nabla(gx')$ 在 R 内具有单一符号，则在整个 R 域内没闭轨道，没有极限环。

在系统的演化过程中，人们希望根据系统已经发生的状态和已经表现的行为来预测系统的未来。这种预测是建筑在系统既具有能够返回曾经出现的状态和表现的行为的某一个

区域的。

定义 2.45　回归性

系统在 $t \to \infty$ 过程中，系统能够反复回到曾出现过点任意近的地方，称为回归性。回归性不是严格的状态、现象的重复性，也不要求准确的周期，是一种系统演化的回复的现象，但是要求 $t \to \infty$ 过程中应有无限次的回归，才算具有回归性，而有限次回归，最后又逃逸了，仍是无回归性。

静止平衡点，不动点是回归，周期运动是典型的回归。稳定的周期运动会在严格的时间出现在准确的位置。我们在相空间内分析系统的回归性时，对具有回归性的相点称为非游荡的（no－wandering）。而有限次回归后逃逸的相点，称为游荡的（Wandering），我们把相空间中非游荡点的集合称为非游荡集。

动态系统理论表明，系统的全局特性取决于它们的非游荡集及其附近的轨道特性。所以动态系统是否存在非游荡集，它的构成，怎样用它描述系统回归性，都是动态系统理论的重要部分。

2.2.7　动态连续系统的分岔

前面的研究系统在相空间中较多，现在从参量空间来研究系统，即控制参数变化，系统行为怎样变化。相空间是给定控制参量前提下建立的，控制参量不同，有不同系统形成包含无限多个系统的系统族。而参量空间中研究有相同数学结构的演化方程描述的系统族，不是单个系统，也不是一条轨道，参量的变化，不改变系统演化方程的数学结构，但可能改变系统动力学性质，包含定性性质的变化，系统相图结构的变化，稳定性的改变，定态的产生和消失变化、定态类型、个数及在相空间的分布变化等。

定义 2.46 结构稳定性

给定参量空间一个点，就给定了系统及其相图结构。改变系统参数，如果系统相图只有量的变化，我们称系统具有结构稳定性（structure stability），如果引起相图定性性质的改变，则称系统的结构不稳定。

系统稳定有二个概念，一是运动稳定，是指状态空间中系统稳定的概念，反映系统和行为的稳定性。二是结构稳定性，是指参量空间研究系统稳定的概念，反应是系统动力学规律的稳定性。

结构稳定性不是指系统组分之间关联方式的稳定性，而是指系统相图结构的稳定性。两者关系是系统在参量空间表现出相图稳定性，系统组分之间的关联方式，即结构也是稳定的，如果相图结构发生定性性质变化，组分之间的关联方式也必然出现定性变化。

处处结构不稳定的系统，没有现实存在的可能性，而处处结构稳定的系统不可能演化，也没有研究的价值。现存的系统，在参量空间中几乎是处处都是结构稳定的，但必是某些点或点的集合上出现失去稳定性。控制参量的微小变化引起系统定性性质的变化，是系统演化理论研究的问题。

定义 2.47 分岔

在参量空间中，控制参量改变引起动态系统的定性性质的改变，称为分岔（bifurcation）。定性性质的改变有以下形式：

（1）定态从无到有的创生，或从有到无的消失。

（2）稳定性的改变，原来稳定的定态变为不稳定，或原不稳定的定态变为稳定。

（3）原稳定态失稳，出现一个或几个新的稳定定态。新旧定态属于同一类型。

（4）从一类定态分岔出现不同类型定态。

（5）相空间中定态分布的改变。

上述中的（1）、（2）为平庸分岔，线性系统中也可出现。（3）、（4）、（5）为非平庸分岔，只出现在非线性系统中。

研究分岔发生的条件，确定分岔的类型和个数，给出分岔解的解析表达式，判断分岔解的稳定性，描述分岔曲线或曲面的特点，给出分岔的系统学定义等构成了分岔理论。

定义 2.48 一维系统的典型分岔类型

状态空间的维数对系统动力学影响很大，高维系统是十分复杂的，在分岔理论上也是这样。这里先介绍简单的一维系统的分岔类型，它有三种典型的类型。

（1）鞍结分岔（saddle－node bifurcation），随着控制参量的变化，系统通过鞍结点引起定态的产生和消失，称为鞍结分岔。如一阶方程

$\dot{x}=a+x^2$，表示一维系统，a 为控制参量

不动点方程为 $\dot{x}=a+x^2$

当 $a>0$，x 实数解

$a<0$，x 有两个解 $x=\pm\sqrt{-a}$，一个为稳定定态，一个为不稳定的定态。

参量 a 从 $0\rightarrow-\infty$ 变化中，系统出现定态的创生。a 从 $-\infty\rightarrow0$，系统的定态消失。

$a=0$ 为分岔点，它是半稳定的，称为鞍结分岔。

（2）跨临界分岔（trans－critical bifurcation）

观察方程 $\dot{x}=ax-x^2=x\,(a-x)$ 它的不动点是

$x_1=0$，$x_2=a$。由于系统在 a 的变化域上均有解，没有定态的创性和消失过程，但是 $a<0$ 时，$x_1=0$ 是稳定的，$x_2=a$ 是不稳定的，而 $a>0$ 时，$x_1=0$ 为不稳定，$x_2=a$ 变为稳定，在 $a=0$ 处，稳定性变化了，$a=0$ 为分岔点，它是一种跨临界分岔。

（3）叉式分岔

考察方程 $\dot{x}=ax-x^3$，不动点方程为 $ax-x^3=0$，$a<0$，有一个实数解 $x=0$，表示稳定。$a>0$ 时有三个不动点，即 $x_1=0$，$x_2=\sqrt{a}$，$x_3=\sqrt{-a}$。x_1 变为不稳定，x_2，x_3 稳定。$a=0$ 为分岔点，a 从负值跨过时，系统有新的定态创生，又有稳定性的变化，这是叉式分岔。

定义 2.49 多维系统的分岔

二维以上的系统分岔为多维分岔。由于多维系统存在着复杂的定态，如极限环，环面，奇怪吸引子等，分岔的现象十分复杂多样。它有以下几种重要的分岔类型。

（1）单焦点分岔为极限环

连续动态系统的不动点分岔发生在特征值 λ 的实部 R_e，$\lambda=0$ 处，如有复共扼特征值，$\lambda_1=\lambda'+iw$，$\lambda_2=\lambda'-iw$，当 λ' 从复平面的上方或下方穿过虚轴，λ' 从负变正的过程中，$\lambda'=0$ 为分岔点，分岔前是一个稳定定点，分岔后失稳，产生一个极限环，它就是单焦点分岔极限环。

（2）单极限环分岔

控制参量的变化引起稳定的极限环失稳，分岔出现新的极限环，有时会出现多个空间极限环。

（3）环面分岔

控制参量的变化，使极限环分岔出现环面，或环面分岔出现另一个同维的环面。

（4）有序吸引子分岔出现奇异吸引子

不动点，极限环，环面都是简单有序的吸引子，但参量的变化，使这些吸引子失去稳定，变为奇异吸引子。

2.2.8　动态连续系统的突变

在系统的特性中我们讲了突变性，这里将动态连续系统的突变规律进行分析，突变是系统的定性性质的突然改变。系统科学中研究突变的定义，发生的条件，突变的类型，突变规律的应用等重大问题，并构成突变的理论。由于突变性已描述了突变、渐变的定义，这里不重复。突变和分岔是从不同角度来看系统的质的变化，突变是从系统的性质变化进行研究，分岔是从参量空间的控制变量变化来观察系统的性质变化。

定义 2.50　初等突变及基本类型

有势系统的突变称为初等突变。托姆的突变论证明初等突变的基本类型和控制变量个数有关，当控制变量 $\leqslant 4$ 时，它有 7 类基本突变类型。

（1）折叠型（Fold）控制变量 1 个，势函数为 a_1x+x^3。

（2）尖拐型（Cusp）控制变量 2 个，势函数为 $a_1x+a_2x^2\pm x^4$。

（3）燕尾型（swallow tail），控制参量 3 个，势函数为 $a_1x+a_2x^2+a_3x^3\pm x^5$。

（4）蝴蝶型（butterfly），控制参量 4 个，势函数为 $a_1x+a_2x^2+a_3x^3+a_4x^4\pm x^6$。

（5）椭圆脐型（elliptic umbilic），控制参量 3 个，势函

数为 $a_1x+a_2y+a_3y^2+x^2y-y^2$。

(6) 双曲脐型 (hyperbolic umbilic)，控制参量 3 个，势函数为 $a_1x+a_2y+a_3y^2+x^2y+y^2$。

(7) 抛物脐型 (parabolic umbilic)，控制参量 4 个，势函数为 $a_1x+a_2y+a_3x^2+a_4y^2+x^2y+y^4$。

当控制变量≤5 时，有 11 种初等突变，除上述 7 种之外，再加上印第安人茅舍型突变，第二椭圆脐型突变，第二双曲脐型突变和符号脐型突变。

定义 2.51　突变的基本特征

初等突变的基本特征有一定的规律性。

(1) 多个稳定定态　突变一般有两个甚至多个稳定的定态，仅折叠突变除外。尖拐突变有两个稳态，从势函数分析，它有极小值，在受到扰动后，或参数变化后出现在稳态之间的跳变。

(2) 乘积之间的不可达性　在稳定态之间可能存在着不稳定的定态，即势函数的极大值，它们在演化过程中常常是不可能实现，从乘积空间看它是不可能到达的区域。

(3) 一个稳态到另一个稳态，突变发生是突然的，换句话说，从势函数的一个极小值到另一个极小值的转变是突然发生的，当然变化的原因可能是控制变量的变化，控制变量变化时，系统的状态不变，是稳定的，当控制变量变到某一状态时，系统状态突然跳到另一稳定状态。

(4) 控制变量的变化和状态量的变化之间有滞后，状态从 A 态跳到 B 态和状态从 B 跳到 A 时，控制参量并不是同一个状态，突变的时机不仅和控制变量的变化大小有关，还和方向有关。

(5) 敏感性，一般情况下，系统的状态对控制变量的变化不敏感，但到了分岔曲线附近，控制参量的微小变化，就会引起系统的状态的突变。在非线性系统中，这是常见的现象，即微小的控制变化引起系统的重大变化，系统对控制变量的变化大小、方向和变化的路径非常敏感。

定义 2.52　参量空间的相图分布

将动态连续系统的参量空间用定性性质不同的相图划分成若干区域，称为参量空间的相图分布。对参量空间的相分布的研究，可以宏观的认识这个系统的动力学规律，在被分割的参量空间中，同一区域内控制变量的变化，只引起系统状态的量的变化，不会出现定性性质的变化，当控制变量从一区域变到另一区域时，状态发生质变，引起了突变。

例如，线性系统

$$\dot{x} = a_{11}x + a_{12}y$$

$$\dot{y} = a_{21}x + a_{22}y$$

系数矩阵

$$A = \begin{bmatrix} a_{11} & a_{12} \\ a_{21} & a_{22} \end{bmatrix}$$

特征方程为

$$|A - \lambda I| = \begin{vmatrix} a_{11} - \lambda & a_{12} \\ a_{21} & a_{22} - \lambda \end{vmatrix} = 0$$

展开有 $\lambda^2 - \tau\lambda + \mu = 0$

式中 $\tau = a_{11} + a_{12}$

$$\mu = a_{11}a_{22} - a_{12}a_{21}$$

$$\lambda_1, \lambda_2 = \frac{\tau \pm \sqrt{\tau^2 - 4\mu}}{2}$$

我们以 τ 和 μ 构成控制变量空间，它是二维的 $\tau - \mu$ 平面坐标系，有 τ 为垂直轴，μ 为水平轴。

$\mu<0$，即左半平面特征值为实数，不动点为鞍点。

$\mu>0$，其中，$\tau^2-4\mu<0$，不动点为焦点，即 $\tau^2-4\mu=0$ 曲线和接近 $\tau=0$（$\mu\neq0$）区域上半平面是不稳定点，下半平面为稳定点。

其中 $\tau^2-4\mu>0$ 是在 τ 轴和 $\tau-4\mu=0$ 曲线，不动点是结点。上半平面是不稳定点，下半平面是稳定点。见图 2-12。

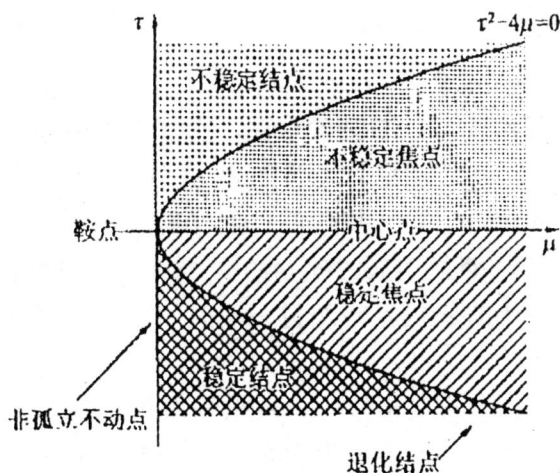

图 2-12

有三条分界线，μ 轴的右半轴是不稳定焦点和稳定焦点的分界线，$\tau^2-4\mu=0$ 为焦点和结点分界线，τ 轴为非孤立不动点组成，参数空间相图分布说明了控制参量和状态的宏观定性关系。

2.2.9 动态连续系统的混沌

动态连续系统在演化中会有平衡态，周期态和拟周期态。近来发现简单的动态连续系统在演化中，控制参量变化时会出现一种与上述三种状态完全不同的新的状态。它表现为混乱无序，极不规则，非常复杂的运动方式，但它不是发散，运动仍然有界，它和系统的结构，控制参量的变化有着密切关系，这种新的定态称为混沌态。线性系统不会出现混沌态，出现混沌态的一定是非线性系统。这种系统的新的形态引出了系统的复杂性，这是本书要研究的重点问题。第三章要重点描述。

定义 2.53 混沌的特点

混沌运动有着自己的突出特性，它有以下表述。

（1）非周期性，系统在相空间的轨道不是单调的变化，又不是周期变化，它是非周期的，起伏的变化。有的轨道对初值十分敏感，初值有微小差别的两个运动，开始十分相像，甚至是一致的起伏，但经过一般时间就出现差异，最后完全无相像之处。

（2）具有结构的自相似性，耗散系统的混沌都出在奇怪吸引子上，这种点集取出一部分放大，仍然具有和整体相似的不规则的结构，即具有分形的结构。

（3）既是稳定的，又是不稳定的，奇怪吸引有吸引力，进入之后不再走出，因而它是稳定的，它的运动是有界的，没有向无穷发散的现象，但吸引子内部轨道又是不稳定的，轨道相互排斥，不能安定。

（4）确定性的随机性，首先它是确定的非线性方程产生，产生时没有不确定的控制参量和其他因素，它和外界条件没有不确定的关系，但是轨道上的运动，相互的跳跃都是随机的，因而研究单一的轨道没有意义，而轨道丛和奇怪吸引子有关。

（5）混沌运动的行为预测困难，混沌运动的起始段，由于对初值的敏感性，和运动的出现随机现象，系统的长期行为无法预测。但是动态连续系统的方程是确定性的，奇怪吸引子在相空间的位置是确定的，混沌现象中的短期行为是可以预测的，长期行为还不能预测。

参考文献

[1] 钱学森，于景芝，载汝为．一个科学新领域——开放的复杂巨系统及其方法论．自然杂志出版社，1990，1

[2] 许国志．系统科学．上海科技出版社，2000，9

[3] 魏宏森，曾国屏．系统论——系统科学的哲学．清华大学出版社，1995，12

[4] 钱学森．论系统工程．湖南科学技术出版社，1982

[5] 贝塔朗菲，林康义，魏宏森译．一般系统论——基础、发展和应用．北京清华大学出版社，1997

[6] 贝塔朗菲．普通系统论的历史和现状．科学出版社，1980

[7] 黑格尔，贺麟译．小逻辑．北京商务印书馆，1982

[8] 许国志．系统科学与工程研究：（层次——系统科学的一个重要范畴中国人民大学陈禹）．上海科技出版社，2000，10

[9] 贝塔朗菲，朴昌根译，载鸣钟校．关于一般系统论自然科学哲学问题从刊，1984，4

[10] 庞元正，李建华．系统论、控制论、信息论经典

文献选编．北京求实出版社，1989

[11] 艾根，舒斯特尔，曾国屏，沈小峰译．超循环论．北京：上海译文出版社．1990，61

[12] 苗东升．系统科学精要．中国人民大学出版社，1998，5

第三章 复杂系统及复杂性

3.1 复杂性研究的起源

复杂性研究的出现起始是分散在各个学科,每个学科的研究中观察到一些奇怪的现象,正是这些先驱的研究,引起人们的沉思,进一步的认识世界的真面目。

3.1.1 从生物群体数量研究引出的复杂性

生物学家从生物群体数量的变化研究,发现了一类典型一维映射的分岔现象,对复杂性的研究起到很重要的作用。

澳大利亚昆虫学家尼科尔森(A. J. Nicholson)在一个大瓶子里用有限的蛋白质食物饲养了绿头苍蝇,显然苍蝇的数量受到食物和瓶子空间的限制,观察苍蝇的数目有时达到一万多只,有时只有几百只,苍蝇的总数不会单调地增大和减少,开始出现周期的涨落,周期大约 38 天,但是每个周期中苍蝇总数出现两个峰值。时间的增长,450 天后苍蝇数目变得很不规则,整个过程苍蝇的数目经过了周期性,拟周期性和混沌状态[1]。

生物学家建立了生物群体的数学模型,有的学者把生物数量增加的主要因素看成是线性关系,美国卢卡斯教授的关于生命科学模型一书,用线性的方法,给出了生物群的数目动态模型[2]。因为生物的数量同时受到空间、食物、疾病等多个因素制约，这是非线性的关系，但是他不能解释生物群体数目的涨落的混沌的现象。

而非线性罗辑斯蒂（Logistic）差分方程给出了一个生物群落的数目的涨落模型

$$x_{t+1}=kx_t\ (1-x_t)$$

x_t 表示生物群体的相对数，定义为 1～0 之间的数，0 表示生物群体数量为零，生物群落已不存在，1 表示生物群体数目最大，式中因子 $(1-x_t)$ 把生物群体数目的增长限制到一定范围之内，因为当生物群数 x_t 增大时，$(1-x_t)$ 则下降。t 表示时间，$t=0$，1，2…离散地增加，生殖增长率 k 表示影响生物群体的数目变化的一个非线性程度，$t=0$ 时，x_0 为初始生物的数目。上世纪 70 年代，美国普林斯顿大学的生态学家罗伯特·梅（Robert May）在计算机上依此模型对单一群体生物随时间变化进行研究，发现：

$k<1$，初始 x_0 在 (0,1) 之间取任意值，经过若干时间生物群体数量 x_t 将趋向0，表示生物群体死亡。

经过计算，$1<k<3$，任意取初值 x_0，经过一段时间后生物群体数目趋于一个稳定值 $1-\dfrac{1}{k}$，k 值大，生物群体数目稳定值也大，如 $k=2$，x_t 趋向 0.5，$k=2.7$，x_t 趋向 0.6293。

$3<k<3.4495$ 系统不稳定，x_n 值分为两条线，生物群体的数目在两个稳定值之间交替跃变，我们称为分岔。

$k\approx3.4495$ 出现 4 个值，周期为 4。

$k\approx3.5441$ 出现 8 个值，周期为 8。

$k\approx3.5670$ 出现 16 个值，周期为 16。周期分次加倍，稳定性加倍，出现了双分岔的现象。

$k\approx3.5699$ 分裂出现了崩溃之势，周期正变为混沌，生物

群体的数目变化,不再稳定,成为随机,它的稳定值从倍周期
分叉到混沌状态。见图3—1。

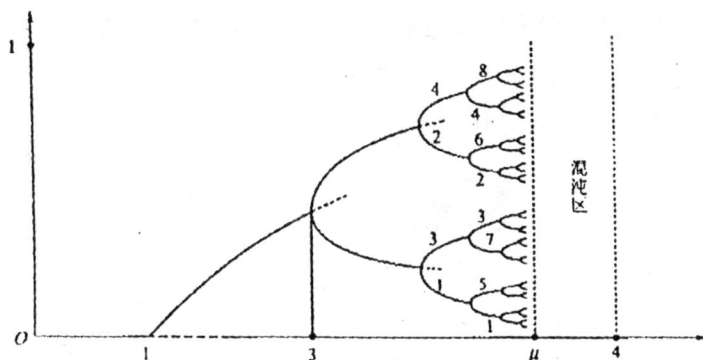

图 3—1

1975 年美国物理学家费根鲍姆(Feigenbaum Mitchell)
得出分叉点之差的比率为 4. 6692016091…,分叉的宽度按
2. 5029078750…比率缩小,这两个常数被称为"费根鲍姆"
数(Feigen Value)[1]。

从生物群体数目的研究中看到了分叉现象,从稳态到周
期、准周期到混沌的生物群体数目的变化,看到产生混沌的
复杂性。

3.1.2 从气象学研究引出的复杂性

当人们运用牛顿力学的确定论思想,解决了天王星的存
在,证实了哈雷慧星的定期返回,能算出人造卫星,各种航
天器的轨道,得到了人们满意的答案。运用同样的思维,是
不是有了足够的数据和大气运动模型,就能精确的预测天气
呢?1960 年美国麻省理工学院气象学家洛仑兹(Lorenz
Edward)运用计算机对 12 个气候动力学方程进行数值计

119

算，对天气的变化做出模拟。有一次，他把计算到一半的数据，作为初始值输入计算机，但它将数据的精度减少了，例如其中一个数本应为 0.506127，它只用了 0.506，开始仿真的时间里，两个计算结果仍较好的吻合，但时间一长，就完全不一致了，出现了严重的差异。依照确定论的思想，微小差异只能产生有限变化，但是在气象模型却出现巨大差异，洛仑兹开始认识到，长期天气预报经常失灵是有深刻的原因。继而 1963 年洛仑兹给出了以下方程：

$$\dot{x} = -\sigma (x-y)$$
$$\dot{y} = rx - y - xz$$
$$\dot{z} = xy - bz$$

式中 x，y，z 为状态变量，σ，γ，b 为控制参量，式中 $\dot{y}$，$\dot{z}$ 为非线性方程，取 $\sigma = 10$，$b = \frac{8}{3}$，$\gamma = 28$ 进行计算，在相空间中，x，y，z 状态变量出现复杂的轨道，互不重叠，产生了混沌解，出现了奇怪吸引子，称为洛仑兹吸引子。

对以控制变量 γ 进行研究，γ 是引起分岔的控制参量，出现了复杂的系统定态。见下表。

γ 范围	系统定态
$\gamma < 1$	趋向无对流定态
1～13.926	趋向三个定态之一
13.926～24.06	无穷多个周期轨道和混沌轨道
24.06～24.74	一个奇怪吸引子，一对稳定不动点
24.74～148.04	混沌
148.4～166.07	周期
166.07～233.05	混沌
233.05～∞	周期

类似的还有勒斯勒尔方程，达芬方程等。

x，y，z 为三个变量，t 为时间，发现上述方程的解是

120

双重绕在一起的图形，它是有界的，曲线限制约在一个边界内，不越出边界，但决不自身相交，它的解不重复，没有周期性，也是无序的，这就是气象学中的混沌现象。见图3－2。

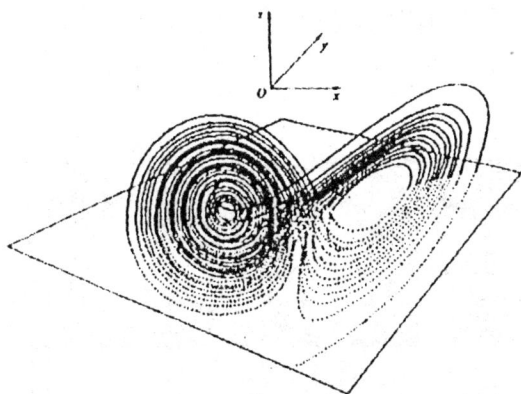

图 3－2

3.1.3 从数学的研究引出的复杂性

数学是抽象科学中有着严密理论体系的科学，它的研究对象是数量和图形。数量中的无穷，无限大，无限小，引出了数量上的复杂性，那么分形显示了图形的复杂性。

上世纪，系统的自相似性研究有了很大的发展，从高空看发现海岸线由较大的半岛和港湾组成，降底了高度看，原来的半岛，港湾本身又是一些较小的半岛和港湾组成。你到了海边，足下的海岸又是更细的半岛和港湾组成，海岸线的整体和部分有着相似，这种称为自相似。这样的自相似性表现在山脉、河流等自然现象，也表现在植物中的树根，叶脉，动物中的血管，肺的气管等。自相似的海岸线有多长，它的结论是与你度量的测量单位有关，用1分米的尺量海岸比用 1 米的尺去量要长很多，随着测量尺子的长度减小，海岸线长度会加长，人们无法精确地测量。从而在图形研究中，出现了没有长度，但不是点而是线段的康托（Cantor）集，没有面积但不是线段的谢尔宾斯基（Sierpinski）地毯（见图 3—3）和没有体积但不是面的谢尔宾斯基海绵[4][16]（见图 3—4）。

图 3—3

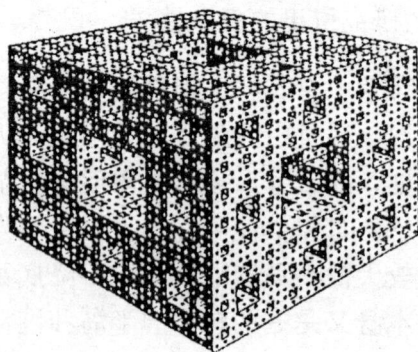

图 3—4

这都是过去科学中无法理解的几何图形，但是它揭示了几何图形中的复杂性。分形几何的本质是研究具有自相似图形的性质，不仅在理论上有很多重要发现，在生物的生长发育，地球物理，化学，天文学，材料学，语言学及情报学有着广泛的应用。从人类社会，经济，军事的研究领域，也采用自相似的原理，构建这些复杂的人类系统自相似模型，将过去无法表达的现象，经过分形在几何学上有了解释，使复杂演化过程可视化。

3.1.4　从控制论研究引出的复杂性

控制论是研究过程的自动控制。控制器的设计是控制工程中的实用的、核心的问题。经典控制论，给出反馈原理，将输出结果与控制目标的差反送给控制器，使输出结果和控制目标的差减小，从而实现自动控制。控制器从比例控制发展到微分、积分、比例（PID）控制。现代控制理论用一阶微分方程组描述系统特性，用状态方程，卡尔曼（Kalman）模型来描述控制过程，但是控制器的设计仍是 PID 及其改进。现代控制理论在实际中由于系统辨识及模型难以确定，影响了系统鲁棒性的研究，对于系统的非线性，时变，大时滞等需要采用复杂系统的研究方法。

起初控制论仅研究机器和动物的控制问题，现在已向语言、社会扩展。维纳的"控制论"就研究了控制论的观点如何用于社会。钱学森同志主张"从定性到定量综合集成方法"和"从定性到定量的综合集成研讨厅体系"，并将运用这套方法的集体称为"总体设计部"[4]。

成思危、戴汝为、于景元同志在上世纪 90 年代研究了运用上述方法研究了宏观经济的决策问题[5,6]，都是有着坚实的控制论基础。

3.1.5　从物理学研究引出的复杂性

很多物理现象从一种状态到另一状态会自动的发生，而相反过程却不会自动发生，如果想到回到这个状态，就要采取一系列的其他物理行为。如一杯热水，它慢慢的冷下来和周围的温度一样，不加热，它不会自动的从四周温度一致的水变成高于四周温度的热水。一块糖放在水中，不久它会均匀的分布在水中，而不会自动的从不饱和的糖水中析出一块糖。燃烧产生的烟雾会慢慢的散布在大气中，不会自动的聚集在一起成为黑烟。这些都是说明一个物理过程可以自发实现的，但却不能自发的逆向实现，这就是不可逆过程。克劳修斯的热力学第二定律说明了系统的熵是增加的，而且有序的运动会经过磨擦变为热——分子的运动，对大量分子来说是无序的，因而推论世界将"热寂"，大家趋向一个最"终"的温度，然后一切都不再变化，熵只能增加至最大。

物理学的这个理论引起了很多怀疑，热力学的定律有实验证实，人们看到了热从高温自动向低温传导，没有见过热量自然的集中，铁棍一头会不会自动升温、发红、熔化。当然热力学第二定律有正确的一面，那么什么地方出了问题。宇宙起源 100 亿年前的大爆炸，那时就是无序，没有生物，按理说应当向更无序的方向发展，怎么会出现生物呢。

当时的物理学不能圆满的解释涉及世界起源以及生物学中的现象，引起了很多科学家的思考。当时克劳修斯的热力学第二定律和生物学达尔文的进化论形成了尖锐的矛盾。

普利高律深入的研究发现远离平衡态的开放系统，它在和环境进行物质、能量交换时，引入负熵而系统的总熵不增大，系统就可能从无序走向有序。他列举了热力学、化学的很多例子，证明了这种结构的存在，称为耗散结构。普利高律的理论证实了系统论中的演化论观点，给出了复杂系统的演化动力，解释了物理学和生物学中的矛盾的原因，在物理学中建立了复杂系统的理论基础。

3.1.6 从作战研究引出的复杂性

战争是政治斗争的继续，是政治集团用暴力解决矛盾的人类的社会现象。它由大量的人，掌握着各种作战的装备，在作战的理论和思想指导下，有组织的消灭对方有生力量，摧毁对方的作战资源，瘫痪对方的作战能力，涣散对方的作战意志，迫使对方接受己方的条件。

纵观历史，数千万次的战争，没有两次是一样的，战争中的各个阶段，各种作战样式，具体的战斗过程，没有两次战斗是一样的，历次战争的记载说明了战争现象是混沌的。

作战的胜败的本质可以从战争的性质，战争双方的综合实力来说明，但是对一场具体的作战，正义方可能失败，综合实力强大的一方也可能失败，武器装备优良的一方也可能失败，作战的失败可能是由于某一个作战中，某一个问题的失误，"一着不慎，满盘皆输"是毛泽东同志用下棋比喻作战指挥，可见作战成败与关键的那一"着"有着强烈的关联。

作战是有组织的群体行为，不仅是诸多军兵种要联合协同，整个国家都会动员起来，它自然是一个复杂巨系统，它是不能用还原法进行研究。

作战的过程是不可逆的，所有的作战行动，一旦实施，便不可挽回、倒退。它的发展过程就是复杂系统的演化过程，它不是简单地随着指挥员的个人意志而变化，但是指挥员通过正确的认识形势，制定正确的策略，通过指挥，可以有一定的主动权，可以驾驭和控制。作战过程是随机的，不是确定的，作战过程中双方获得的信息是不充分的，是不清晰的，作战结果是作战系统的复杂演化过程的终结。

作战的演化有突变性，会涌现出以往作战中没有的新现象，在每一个层次上均会出现，只有抓住机会，正确的指挥，将作战的主动控制在自己手中，胜利才有希望。作战的结构中有着强烈自相似性，从认知的循环中看到掌握情况、谋略决策，决心措施到指挥实施，这样一个环节，我军称为收集情况、分析判断、定下决心、指挥实施[7,8,9]，美军称为OODA 环[10]，它在作战中不断的循环，但是像很多混沌态那样，有界，相异，不重复，螺旋式的上升，在各级指挥员处均有着十分相似的过程。又如指挥所结构，武器装备的作战过程，保障的过程，不仅敌我有相似，自己的高层和低层有着自相似。

3.1.7 从计算方法研究引出的复杂性

由于计算机的飞速发展，人们解算问题日益依靠计算机，但是事实告诉我们，有的问题计算机无法解，首先是没有模型，其次是有模型计算机也能解，但解算时间长到现实无法接受，因而产生了计算复杂性。计算复杂性从文字上和复杂性相关，但它研究的复杂性不是本书所讲的系统复杂性，所以较多的学者不主张将计算的复杂性纳入到系统复杂性中来，我是同意这个观点的，但是从计算复杂性的研究目标及方法对复杂系统研究有启发，对比之下也便于分清概念，所以这里作了介绍。

计算复杂性是研究问题求解中算法（algorithm）有效性的科学。"算法复杂性理论试图从一般角度去分析实际中各种不同类型的问题，通过考察可能存在的求解某个问题不同算法的复杂程度来衡量问题的难易程度，由此将问题划分为不同的类型并对算法按其有效性分类。计算复杂性回答的是求解问题所需要的多种资源的量"[9]。计算复杂性的研究已有了很实用的分类方法，即多项式时间算法和指数时间算法。多项式时间算法是对问题及其可能输入的长度 n，其算法时间为 的多项式函数 $p(n)$ 表达。而指数算法是不能用多项式函数，要用指数、亚指数、或比指数上升快的函数来表达。当然，多项式算法人们尚可接受，而指数算法，耗时长到人的现实无法接受，而被认为现实不可能，成为了计算难题。由于计算复杂性是一种特殊的复杂问题，尚未涉及系统复杂性的问题，所以尚不属于系统复杂性的研究范畴。

3.2 复杂性的定义

3.2.1 复杂性的一般定义

复杂性的常识的概念早就有了，它和人的认知过程相联系，对于人们未知的规律，由于不了解它的真相，不能准确地把握规律的实质，常常称为复杂问题，而对已经认识、掌握的规律则认为是简单的，所以复杂和未知，未解决有着同样的意义。但是对已经解决的问题，回首审视觉得简单。有时再进一步研究，发现解决了的问题只是问题的一部分，或只是表面的问题，这时，这个问题又成为复杂的。这种复杂和简单的概念与人的认知相关联，是一种常见的对复杂性认识。

复杂性有没有客观的定义呢。它的内涵是否有一个确定的不随人的主观认知而变的标准呢。20 世纪的中叶，欧、亚、美的学者，从不同的角度展开了"复杂性"的研究，随着研究的深入，复杂性逐步有了客观的定义。

遗憾的是，由于对复杂性的专门深入研究，才有几十年历史，面临理论，实践研究有很多的难题，不同的学者从不同的学科，不同的角度开展复杂性研究时，自然有各自的经验、理论，研究结果带着很多本学科的特色，出现了同一个名词产生了不同角度，不同的深度，不同的重点，不同的方法的定义，至今复杂性的定义已有几十种之多。

许国志在《系统科学》概括了几种复杂性的概念[17]，其中有西蒙的分层复杂性概念，有以一般系统论的层次原理说明复杂性，普利高律，哈肯从演化、生成、自组织来说明复杂性；盖尔曼提出复杂适应性系统的复杂性，并指出原始复杂性和算法复杂性不能表示通常理解的复杂性等等。这些工作有助于我们从某个侧面理解复杂性，但总起来看这些复杂性的概念还不能算做一个严格的科学概念。

钱学森对于复杂性的定义是从系统科学入手，提出"复杂性就是开放复杂巨系统的动力学"的定义，认为复杂性就是"不能用还原论处理或不宜用还原论处理的问题"[11]。

目前，复杂性的研究不断的展开，深入，已为更多的学科、专业的研究者所重视，希望从这里能找到解决自己面临的诸多复杂问题，用于指导科学、经济、战争的实际。实际工作者目前不追求定义的完美和严谨，侧重解决问题，有关定义及理论结构请理论工作者来深化研究。再经过一段时间，经过更加深入的研究和应用，复杂性的定义会日趋严格、完美。

3.2.2 美国科学界的一些定义

（1）美国《科学》杂志在"复杂系统"专集中的定义

1999 年 4 月美国《科学》杂志出版了"复杂系统"专集，编者 Richard Gallayler 和 Tim Appenzeller 以"超越还原论"的题目，写了前言，并有意避开学术术语的雷区，避开一个名词完美表达含义的争论，并不强求研究的含义为各学科所共识，正确的引导大家进入复杂系统的研究方向的讨论，所以该杂志对复杂系统做了以下定义：

通过对一个系统的分量部分（子系统）的性能的了解，不能对系统的性能做出完全的解释，这样的系统称为"复杂系统"[12]。

（2）美国新墨西哥市圣菲研究所（the santa fe Institute）的观点

1984 年美国新墨西哥州圣菲市成立对圣菲研究所，汇集了三位诺贝尔奖的获得者，他们是夸克理论创建者物理学家盖尔曼（Murray Gell－Mann），凝聚态物理学家安德森（P. W. Anderson），数理经济学家阿累（K. J. Arrow），并集中了一批年青的科学家，他们是生物学、经济学、计算机科学、物理、数学等各个领域的优秀人才，进行跨学科，跨领域的研究，他们将研究的重点放在复杂性研究。他们对自然界，社会及人自身的复杂性进行了研究，提出了复杂适应性系统的概念并提出遗传算法，演化算法等一系列新的算法。

圣菲研究所创办人考温（G. Cowan）认为：他们相信圣菲研究所正在构架的理论是第一个能替代牛顿以来主宰科学的线性、简化论（Reductionism）想法的严谨方案，而且这个方案能充分解释今日世界的种种问题[12]。

3. 2. 3　王正中的定义

王正中对复杂性的研究进行了归纳，鲜明的提出复杂性研究的三个根本命题，即整体论与还原论的关系命题，时间不可逆性命题和有序无序关系的命题。认为复杂性"是一门正在发展中的科学，迄今为止尚未形成精确的科学定义和完整的系统理论"，他进一步描述是[13]：

1928 年贝塔朗非（L. V. Bertalanffy）首次提出了"复杂性"概念，指出了传统的物理学和还原论的研究方法论不能解决生物学，社会学，行为科学的研究等"复杂性"问题，从而提出整体论（holism），要从整体来研究复杂问题。

维纳在"控制论"中引进了"柏格森"时间问题，柏格森认为"物理学时间和进化论、生物学的时间不同，前者为可逆的，后者是不可逆的"。指出，不可逆和随机性在客观世界占有统治地位，传统科学是决定论者，"复杂科学性"科学是进化论者。

传统科学把世界描绘为复杂到简单，从有序到无序，从不对称到对称，而"复杂性"研究是从简单到复杂，从无序到有序，从对称到不对称。

由此可以看出复杂性研究是揭示真实世界面目的工具，它不回避真实世界的本质问题，面对各种复杂性问题。

3.2.4 钱学森的定义

钱学森是我国杰出的科学家、思想家，在应用力学、工程控制论、物理力学等方面有着重大贡献，为我国的航天、原子弹、导弹事业树立了许多丰碑，同时他也是中国系统科学和复杂性研究的奠基人。

钱学森是从系统科学的理论引出了复杂巨系统的概念，从而揭开了我国复杂系统和复杂性研究的帷幕，在 20 世纪 80 年代钱学森就提出"凡是不能用还原论方法处理的，或不宜用还原论方法处理的问题，而要用或宜用新的科学方法处理的问题，都是复杂性问题，复杂巨系统就是这一类的问题"[14]。

钱学森说"巨系统分两大类，一类是开放的简单巨系统，处理这样的系统，现在已经有理论方法，就是用所谓的'协同学'或耗散结构的理论。第二类是开放的复杂巨系统，开放的复杂巨系统或者特殊复杂巨系统——社会系统，现在还没有理论方法"[16]。

复杂巨系统是复杂性的集中载体，也就是说复杂性是复杂巨系统的基本特性，本质的特性。

过去的研究工作中遇见复杂巨系统之后，采用简化方法将其转换到简单巨系统或简单系统，得到一些结果简化使系统的质产生了变化，研究的结果也就失去了意义，人体，人脑，社会的经济，战争等等还不能完全掌握其规律，因为还没有得力的理论工具、方法，复杂性理论出现后，很多学者寄予希望。

钱学森明确的给出了复杂巨系统的准确定义，他指出"对开放的"复杂巨系统，我们可以说：

（1）系统本身与系统周围的环境有物质的交换，能量的交换和信息的交换，由于有这些交换，所以是"开放的"；

（2）系统所包含的子系统有很多，成千上万，甚至上亿万，所以是"巨系统"；

（3）子系统的种类繁多，有几十、上百，甚至几百种，所以是"复杂的"。

"这三条又引伸出第四个特征，开放的复杂巨系统有许多层次"。"对这样的系统，用还原论的方法去处理就不行了"[4]。

3.3 复杂系统的一般特性

3.3.1 复杂系统的组成元素数量极大

理论上的复杂系统，其组成的元素数量可至无限。如分形中的康托尔三分集合，它是一种理论上的数据集合，它的定义必须用系统中的过程方式才能比较准确的说明，即它将线段的中部 $\frac{1}{3}$ 去掉，将留下的线段依上述方法，不断的进行，可以无限次操作。见图 3-5。

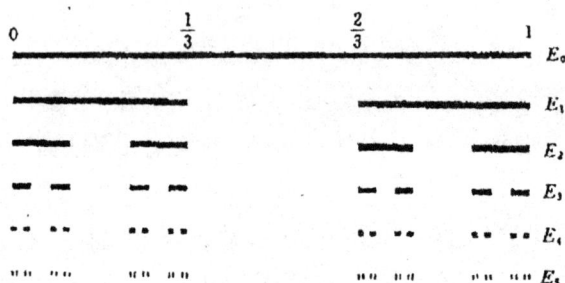

图 3-5

其结果是它成了长度为零的线段，而常规长度为零的线段，是一个点，但它不是点，因为它散布在无限多个地方，这个系统的元素是无限的，其产生的方法简单，结构层次无穷。

又如社会系统中我们研究任一类系统都会发现其系统成员数量极大，如疾病传播系统中的病种传染的地域、传染的人群就是数量极大的组成。物流供应系统，物资的数量极大。股市系统就是各种股票交易的系统，交易人员和交易金额数量都十分巨大。再如作战系统，参加的各种人员和相关联的人员的种类、数量都很大，参战的装备、器材、物资数量也是巨大的。

综上所述，复杂系统中组成成份的数量很大，是系统复杂的重要组分原因。有的系统如洛仑兹气象方程，尽管方程简单，但方程对初值极端敏感，初值稍有变化，其解算产生重大差异，就其初值的可取范围就是一个极大的数目，自然其解也是极大数目。

3.3.2　组分种类极多

复杂系统的元素组成，不仅数量多，而且种类多，如前例疾病传播系统中的传染病就有很多种类。物流供应中各种商品的种类繁多，所以物流是复杂系统，如弹药供应，由于火炮口径繁杂，各种功能的弹药品种多，其供应会十分复杂，可见口径标准化，减少弹药品种对保障有重要的意义。

种类不同，说明构成系统的元素、组分之间有质的区别，它们有不同的地位和作用，当种类繁多时，不能用简单方法来处理，相互之间不能线性的替代，自然造成系统复杂。

3.3.3　元素组成之间关系复杂

理论的复杂系统可能有无限层次的结构，结构是系统组分之间的关系的总和，表述构成系统的组分之间是如何相互制约、相互依存。我们以一个元素或组分与其他的组分关系来单独考察，在同一层级就会构成一个高维的关系矩阵，这只是一对一的关系模型，事实上两个元素之间的关系会受到其他元素影响，一个元素同时可以和多个元素有关联，之间关系的嵌套性、非线性就构成了复杂系统元素之间的关系。至今有很多系统知道他的结构层次很多，但没有弄清具体的结构，如涡流。

3.3.4　复杂系统会呈现混沌性

混沌的广泛概念是完全的无序，混乱，任意。目前有的复杂系统出现与初始条件有关的一种有界的混沌状态，称为混沌序。复杂系统有的是在混沌序中，有的最后进入了混沌序，进入混沌序的复杂系统，还有一定的规律可寻，因为混沌序还是一种定态。但是广义的混沌，完全无序、混乱，这是复杂系统中最难研究的现象，系统何时进入混沌和进入以后的状态是很难预测的。这种广义上的混沌是常见的，例如一支有序的军队，有完整的结构，即严密的组织。在作战中，它被打败了，部队溃散了，官找不到兵，兵找不到官，建制消失了，指挥体系崩溃了，军心涣散了，成了无序，这就是军队的混沌状态。尽管官兵、武器装备也都在，已经完全没有战斗力。

3.4　复杂系统的具体特性

3.4.1　非线性

复杂系统中非线性是系统复杂的内在因素，由于元素之间的关系出现非线性，系统的表现才会复杂。

从洛仑兹吸引子的发现，就是其微分方程组中有两个是非线性方程。从关于生物群落的罗辑斯蒂差分方程，也是一个非线性的差分方程，引出了分叉和混沌。对数目很少的微分方程或方程组，由于它们的非线性，造成解的众多，出现了混沌。可以得知，复杂系统中普遍存在的是非线性，而不是线性。线性是理论家们的宠儿，它具有理论的完善性，可是现实中的难题都不是线性，而是非线性，对非线性方程的分析，目前没有普适的方法。人们仍想用线性的方法解决非线性问题，因而在所研究的状态附近，一个级小的区域内，将非线性的高阶效应去掉，只用它的一次效应，然后到线性理论中求解，这就是微扰动理论[18]。不满足微扰动条件，自然上述方法是无效的，在没有一种共性的有效的方法，非线性方程的求解就要具体问题具体分析。

复杂性中的非线性表现，迫使人们想尽方法建立非线性的模型，尽最大可能表现非线性的具体特性。复杂系统的演化中，当初始状态的微小差别，结果可能有着完全不同的演化，它们的因果关系不再是一一对应，出现了可能是一种原因有多种结果，一种结果是多种原因所致。目前非线性研究的理论在自由度较少系统中，理论研究比较深入，数学工具比较丰富，对复杂系统的非线性研究还有待新的数学工具的出现。

3.4.2 涌现性

系统涌现性的明确定义出现较晚，但系统的涌现性的现象很早就为系统科学家发现和研究。系统论认为系统整体具有而部分不具有的现象，称为系统涌现性（emergent property），所以涌现性是一般系统的特性。

复杂系统中，它突出了非加和性和不可还原性，因而涌现性在复杂系统中具有更加深刻的意义和作用，所以切克蓝德早就把涌现和复杂系统研究紧密联系起来，比圣菲 SFI 学派早 10 年[15]。所以涌现性的研究不仅对一般系统，特别对复杂系统，它是重要、关键的特性。因而涌现性的本质，它的分类，它的特性，它的来源，它的表现都是复杂系统中有待深入讨论的问题。

涌现性的本质是系统的整体性，是系统演化过程中整体性的转变。系统低层到高层过程中产生的新的属性，特征，行为，功能，它可能是从低层向高层聚合时突然出现，也可以是逐渐形成，涌现结果有令人始料不及的现象，以至于有的学者把涌现作为复杂系统的显著特征。因为线性系统，简单系统常常是可以预料、预测，因而不那么使人奇怪，它们也有涌现性，但是不显著，所以以此划分简单系统与复杂系统并不科学。复杂系统十分需要涌现的分析，是因为它出现了难以预测的复杂现象，希望通过涌现性的研究寻求答案。涌现性的分类研究还不够多，从其表述有"构成论"和"生成论"描述[17]。构成论从系统的整体与部分的关系来说涌现，生成论从系统的演化谈涌现。涌现的特征有的学者强调它的"创新性"，即系统各部分特性累加一起就有的特性不是涌现，只有依赖部分之间的特定关系而产生的各部分不具备的特性才叫涌现[15]，有的学者认为涌现有出人意料的特性，有的认为快速产生的特性等等。

涌现的来源，大家认识比较一致，它是系统的组分之间的相互非线性作用，这是内因，系统外部环境提供的条件，如资源的约束等是外因，很多学者认为信息是系统涌现的必要条件。

涌现的概念正在深入研究复杂系统中一步一步的清晰。人类的个体复杂行为，人类社会的行为的规律的揭示，有待于复杂系统涌现性研究。由于复杂巨系统的数学理论尚未产生，一般的演绎，统计方法均不能满足解决涌现研究的方法和工具的要求时，采用仿真科学与技术，综合集成研讨方法是目前进行涌现性研究的方法。

3.4.3 不确定性

复杂系统由于组成元素很多，关系复杂，它的状态空间将是海量的，描述组分的关系结构也具海量规模，所以还原论的方法遇见了数学上不能处理的困难。

复杂系统的状态在演化中，由于非线性将出现很多不能准确预测和控制的因素，从而系统状态表现很强的随机性，这几乎是复杂系统的必然表现。不确定性有演化趋势的不确定，也有的趋势是有确定的规律的，但出现的时机，量值大小不确定。目前有的不确定性，尽管产生根源没有严格的数学工具，但就不确定本身的研究已经比较深刻，有部分完整的数学理论及工具，如事件出现的不确定性，可用概率论及数理统计的数学方法；对事物区分界限的不确定，可以用模糊数学来处理；对知识的界限、范围的不确定可以用粗糙集的方法进行研究。那么处理复杂系统的不确定性的研究已经广泛使用了上述的方法。从这些方法可以看到，目前数学能处理的是一些有确定概念范围内的不确定性，因而是局限的不确定性，不是广义的不确定性，即连概念都是不确定的不确定性。如果复杂系统的主体被制约在确定概念的不确定性之中，自然上述数学方法是有一定的效果的，例如香农用概率统计的方法研究信息的不确定性，引入信息熵。复杂系统中的不确定性是系统的涌现的不确定性，是表现在对外功能的不确定性，也包含着系统的结构的不确定性，它不仅是局部的、数量上的不确定性，而是整体的不确定性。所以目前

137

的建模方法还不能解决这类问题，钱学森在复杂巨系统的研究工具时，深感到当前数学工具的不足。

系统涌现的不确定性，是指系统的部分构成系统会出现系统不具备的性能，那么会涌现什么不具备的性能，常常事先并不能确定，不能通过分析进行准确的预测。三个和尚没水吃，它不是事先完全确定，三个和尚的系统演化也有着多种结果，那是不奇怪的。

系统的对外功能的不确定性，一般系统会产生系统对外的功能表现，复杂系统的功能也出现不确定性。一支部队可能把对手打得大败，也可能自己大败，其作战的功能会有很大的差异。同样复杂系统的结构，层次在演化中出现不确定，如病毒的演化，常常在人的意料之外。

3.4.4　突变性

突变性是系统的特性之一，前面做过描述，但在复杂系统中，它的突变性更加突出。当复杂系统表现出涌现和不确定性时，会伴随出现突变性，也就是系统的变化不仅是量的大小变化，而是质的变化。在演化中这种变化占用的时间相对较少，变化过程较短，有一种"突飞猛进"、"突如其来"的感受。

复杂系统的突变是人们常常措手不及，来不及应对，没有准备对付它的方法，从而出现很多困难。以至于各种灾难性突变，这是现实生活中对痛苦的突变的感受。人们思考某一问题久思不得其解，瞬间忽然开朗，有了答案。平时学习总是不见成效，某一时刻倍觉明白了许多。作战中欲胜不能，相持不下，坚持阶段十分艰苦，忽然形势突变，一方溃不成军，另一方掌握了战场主动权。企业在短时间取得了很大的效益，这种突变给经营者带来了欢乐。这一切它的本质是什么，怎样产生。对简单系统，它是线性系统，满足和加性，表现出量的累加，突变的表现不显著，线性系统本身就否定了突变这种非线性的事物。古代的数学认为脉冲函数、阶跃函数等是个怪物，排除在数学之外。但是从斜坡函数的导数，引出阶跃，阶跃函数的导数引出脉冲函数，线性理论不能不把它们纳入，不能不正视间断点的突变性质。但线性理论认为它们的引入和线性理论不协调，所以线性系统理论无法全面深入研究突变性，只有复杂系统理论才能担当起研究突变性的任务。

复杂系统突变性问题的研究，有复杂系统中突变的形成，突变的产生的机理，突变是否可以预测等。至今很多复杂系统中的突变不能预测，这可能是这些系统的突变性在理论上就认定不能预测，也可能是目前的研究水平还没有达到而不能预测。这些复杂系统突变的本质问题，有待我们去研究。

3.4.5　不可逆性和不重复性

牛顿的力学，爱因斯坦的相对论，对时间变量 t 的描述是，既可以给出未来，也可以给出过去。理论中是相对时间定义的坐标原点，未来相对着是正方向的 t，过去对应着是负方的 t，因而是可逆的。很多简单系统的变化过程具有可逆性。

科学性一直重视实践的重复性，即科学上的重大发现，很多理论经过实验得到验证，它不仅只有发现者可以做出来，其他学者，试验人员也可以重复发现者的工作，得到与发现者一样的结果，这种可再现性一直是近几百年科学工作遵守的一个规则。的确，近几百年的重大科学研究的进展，新材料、新工艺的出现，各种研究结果不仅可以复制，而且转变为大生产，造福于人类，甚至出现了标准化，产品质量的控制，不同的地区，不同的工厂生产的产品互相可以替代。

复杂系统，尤其社会系统，几乎没有这种规律的出现，历史上很多相似，只是相近或近似，即没有完全的重演。人们的知识是很多规律的抽象，说明它们的公共特性和相互关系的复杂的规则，但是一经抽象，便不再是现实，用这种方法进行经济、历史、战争的研究，但它们不是完全相同的重演，因为它们不存在重复性。

系统处在混沌状态之前，系统的演化有一定的简单规律，可以是静态的，周期的，具有复杂性的稳定系统，初值有变化，甚至有较大的变化，系统仍然是一个稳定的状态，此时表现出系统的重复性。但系统进入混沌状态之后，系统的表现多种多样，出现无限多的个性，此时，可重复性几乎不存在，系统的表现对初值十分敏感，随机性和不可逆性，成了系统演化的主要特征。

3.4.6 自相似性

一般同一类型的事物，有着相似性，尽管它们的相异性是根本的，但由于人们的观察的角度、方式不同，研究重点、方法的不同，总可以寻找到有一定相似域，其中相似域中系统的特性表现可以寻找它们相近地方，可以对比，可以等效，可以建立一种模型描述。同一类但不同的事物，深入研究尽管是不同类的事物，从系统的角度，即系统功能性能，系统的结构，系统的演化过程等也可以找到相似域。

准确地说应当先有相似性，才有对事物认识的分类。其实分类就是建立在相似性上，只有建立相似的基本内容和规则，才会产生分类。相似的现象能否用于系统之内，系统的这一部分和那一部分有没有相似，系统的一部分和系统全体有没有相似，前一个问题在系统的一般特性中的相似性已经解决，即系统中的子系统之间的相似和系统与系统之间的相似是同类问题，它们是平行的两个系统的相似。但第二个问题是指部分和整体的相似，以前相似的概念不同，这种叫自相似。

一般的系统具有有限层次，复杂系统具有有限层次或无限层次，在无限层次中，如存在上层与下层的相似性，这是自相似性的完整的表现，有限自相似性是自相似性的一种简化。

复杂系统包括有限复杂系统和无限复杂系统，而自相似性是复杂系统的特征，其中分形是空间上复杂系统的自相似，而混沌是时间结构的自相似，由于它的层次众多，构成了很多无法用还原论来解决的问题，从而形成了复杂性，在常见的政治、经济、生物、战争等复杂现象中，自相似是普遍存在的，尤其在系统的结构上，性能、功能、演化过程等，均有自相似的现象，它是复杂系统的有序性的表现。

3.4.7 自组织特性

自组织就是某一系统或过程中自发形成时空有序结构或状态。自组织是系统的特性之一，简单系统的自组织现象很弱，复杂系统的才有显著表现。

自组织性是指系统的一类重要的演化现象，在这类演化中系统依靠与外界交换物质，能量，信息而稳定存在，并使系统不断的向有序结构、多功能方向发展，系统的结构、功能随着外界环境变化也将"自动"改变，系统可以"自发地"向更有序的方向进行，在生物界这种发展、进步的演化非常的突出。

绝大多数复杂系统的演化不是趋向均匀，单一，无结构的方向，而是趋向有序结构——组织的方向，是愈来愈复杂，越来功能越强大，这就是人们说的强者愈强的"马太效应"。

目前复杂系统的自组织在生物、非生物系统中怎样表现，自组织的原因、过程是什么，它和层次性、随机性、非线性有什么关系，都是复杂系统要深入研究的问题。生物中的自组织表现十分明显，生物的诞生，成长，发育，成熟到衰老，消亡，不同的演化过程中，将大量世界无序的物质，能量转换成自身的有序结构。信息在自组织中起到了导引，校正，驱动一系列作用，形成生物系统的各种组织，并有着非常奇妙的功能。非生物系统中的远离平衡态的耗散结构，激光现象中的协同，都能发现复杂系统的自组织现象。经济学中的非均衡经济，非定量竞争，国家控制等，是社会经济中的自组织现象。

自组织的起因被认为是非线性，它是多个子系统之间的非线性关系，和大量的子系统可以按照一定的简单法则进行运动在整体上出现涌现性，从而形成了复杂系统的自组织特性，并在演化中保持、改善和加强。这是线性，确定性理论无法解释的现象，自组织的研究和系统中的非线性、随机性、涌现性的研究相互支持，相互启发和印证，将复杂系统的演化从不同角度展现。

142

3.5 复杂性和简单性的关系

当人们庆贺科学技术取得成就之后，迎来的是新的难题和挑战，四百多年的科学技术成果将一些问题解决之后，再来看这些问题，就觉得很简单，再看面临的问题，就会十分复杂，所以复杂和简单是相对的。习惯上人们对复杂和简单的评估是以人类是否掌握它的规律来区分的，古代的中国人发现了 π 的值，发现了火药成分，都是他们的时代认为复杂的事，今天一个小学生也知道了它的存在，所以复杂的程度又是和时间、历史相联系。离开本书的复杂性的学术定义，回到通常人们理解的意义上看，复杂性的认识就是系统演化中的一种记录，一种静态的评价，是人的认知的一个阶段，复杂和简单没有截然的界限和划分的绝对标准。回到本书的定义的复杂性上看，这个结论仍然是十分有意义的。

3.5.1 复杂性和简单性的相对性

在同一时刻，某一系统是复杂的，还是简单的，一般是以其主要的特性而决定，复杂系统就不是简单系统，反之简单系统就不是复杂系统。至今复杂性有了比较科学的意义，自然区分两种系统也是有准则的。按钱学森的观点"凡是不能用还原论研究的系统都是复杂系统"。因而简单系统已有明确的方法解决的一种系统，它的基本方法就是还原论，即分解、分析，再综合叠加的方法，而复杂系统是用系统论来进行研究。

复杂性和简单性又是相互依存的。仔细分析，有时它们共存在一个系统之中，复杂系统中容纳了很多简单性。一个由大量简单元素组成的系统，元素之间有着十分复杂的关系，它们就能构成一个复杂系统，常说复杂来源于简单是有道理的。

简单系统是否包含着复杂性呢，一般的说它不应当包含非线性、不确定性、自组织等特性，上述性质是复杂性独有的性质，但是在现实的简单系统中，它的表现不突出，不必用复杂的概念，系统的问题已经可以求解。实质上很多简单性是来源于复杂性，即把复杂问题简化而导出简单性。很多复杂性论学者指出世界本质是复杂的，把复杂性看成奇异的是不妥的，简单性才是奇异的，因为很多"简单"的问题，在世界上并不存在，如同线性系统是非线性的简化，纯线性系统是不存在的。具有简化并不影响问题研究的实质，或者非线性的影响，对研究的问题不是重要问题时，线性就是非线性最好的"替身"。

如一根轴，是一个圆柱形的机械零件。它的直径，它的截面是不是一个圆，大家很关心，尤其作为一个标准件，可以替换相同零件时，如果不符合要求就没有作为替换零件的功能。严格的说，它的直径是测不准的，因为测量的仪器本身就有误差，也可以说它的真实值是客观存在却又是不可知的。当然我们用很多科技方法，不计成本地测量，可以得到足够多的有效数字的直径值，如果单位为 mm，理论上为50mm，我们可以测到 50.00001mm，但是它还不是真实值。如 50±0.01mm，人们在这个问题上把它真实值的复杂性简化了，因为只要 50±0.01mm 就能满足互换的要求了，这时问题就是一个简单问题。我相信，100 根 50mm 合格的轴，一定有 50 个真实尺寸，我们并不计较它，也不需要精确地知道它，只要求在可用的 50±0.01mm 的范围就可以了，复杂问题简单化了。

3.5.2 复杂性和简单性相互转化

大量简单性的组分，由于它们的关系复杂，构成系统时，出现了复杂性。一个复杂的问题经过演化最后出现简单的结果，甚至退化到一个简单系统，它们之间的转化是系统演化过程的常见现象，过去的复杂，现在简单，过去的简单，现在的复杂，不同的演化时段，系统会有不同的表现。

生物群落的数目，方程的某些参数，洛仑兹气象方程的初值，都会将一个简单系统引到混沌；外界环境对系统的影响，系统的初值在系统演化中将一个简单系统导引到出复杂特性，使原来的简单性被破坏，复杂性充分表现；同时一个复杂系统，当外界环境的变化和系统的相互作用，它的复杂性可能消失而出现简单性，混沌的消失，进入到简单的定态，从无序进入到有序，从复杂到了简单。

复杂性和简单性的研究使人相信世界事物的性质是多重的，不是单一的，它们共存、对立和相互转化，这是事物的本质，只是人们经历了很久的研究，才逐渐的认清的一个重要的原理。

参考文献

[1] http//phypro.org. 线性科学向非线性科学转变.

[2] W. F. Lucas, 沙基昌译. 生命科学模型. 中国国防科技大学出版社，1996

[3] 苗东升. 系统科学精要. 中国人民大学出版社，1998，5

[4] 钱学森. 创建系统学. 山西科学技术出版社，

2001，11

　　[5] 戴汝为，李耀东．基于综合集成的研讨厅与系统复杂性．复杂系统与复杂性科学．科学出版社，2004，4

　　[6] 于景元．综合集成方法与总体设计部，复杂系统与复杂性科学．科学出版社，2004，1

　　[7] 王文荣．战略学．国防大学出版社，1999，5

　　[8] 王厚卿，张兴业．战役学．国防大学出版社，2000，5

　　[9] 杨志远，彭燕眉．战术学．军事科学出版社，2002，7

　　[10] 军事科学院世界军事研究部分编译．战略瘫痪论．军事科学出版社，2005，4

　　[11] 于景元，刘毅．关于复杂性研究．系统仿真学报，2002，11

　　[12] 戴汝为．系统科学及系统复杂性研究．系统仿真学报，2002，11

　　[13] 王正中．基于演化的复杂系统与仿真研究．系统仿真学报，2003，7

　　[14] 王寿云．开放复杂巨系统．浙江科学技术出版社，1996

　　[15] 许国志．系统科学与工程研究，系统科学是关于整体涌现性的科学．上海科技教育出版社，2000，10

　　[16] 张济忠．分形．清华大学出版社，1995，8

　　[17] 许国志．系统科学．上海科技出版社，2000，10

　　[18] 许国志．系统科学与工程研究，从复杂性研究看非线性科学与系统科学．上海科技教育出版社，2000，10

第四章　复杂系统的研究方法

复杂系统的研究的方法论已经有比较明确的认识，即钱学森主张的系统论方法，即将还原论和整体论结合起来，采用从定量到定性的综合集成，在具体的研究的方法上，是有着十分丰富的内容，它说明了复杂性研究是涉及到各个学科，因而大家的侧重有所不同，得到了不同方面的成果，基本上有解析的方法，实验和仿真的方法，以及综合集成的方法三个大类。

4.1　解析及建模的方法

这种方法侧重复杂系统的理论及数学研究，力求将复杂问题建立数学模型，但是已有的数学工具不能全面的适合复杂性研究，又不能等待新的数学方法而停步不前，所以充分运用现有的数学工具是这类方法的核心。各学科有着自己的规律，因而这类方法也表示了相应学科门类的特点。

4.1.1　简化的方法

在复杂性理论没有专门开展研究之前，科学家已面临各种复杂的问题，常用的方法是采用简化的方法进行研究。将复杂系统中不能展开研究的问题简化，舍去，采用已经成熟、已有的工具环境中去研究，以至于放弃整体论回到还原论的方法论之中。它的代价是问题将失去很多重要的信息，出现一些非原系统的信息，造成错误，所以简化是有风险的，是可能走入歧途。但是在没有办法的时候，它提供了人们可以承受的包含有错误的信息，对于复杂问题的研究是一种试探，如果控制得好，也会收到良好的效果。

（1）将复杂系统简化为简单系统

凡系统均有层次，层次是描述系统结构的一种方法，层次是系统的属性。复杂系统的层次结构不是唯一的，它在演化中会不断的变化。人对某一复杂系统层次的认识，也是逐步深入的。在对复杂系统的研究中，为了能进行一定的研究，将复杂系统的层次中突出某几个主要问题的层次，结构，而略去对主要问题不产生重大影响的某些结构，将系统简化，甚至简化到简单系统，运用我们成功的方法去研究，这种简化在研究中是允许的。简化思路、原理、方法也不是唯一的，四百年科学发展历史中很多科学家都进行了这种简化，将复杂的现象抽象，制约在一个范围中，抓住解决了主要问题，形成了众多的科学分支，还原论的成功和这种简化是分不开的。今天我们不要因为研究"复杂性"，而排斥简单性，我们是将他们看成对立的统一，是相依相存的，从复杂向简单的简化是我们常用的方法之一，当然它是要付出代价的，应该清醒地明白这点。

（2）将非线性转化为线性

线性系统是满足叠加性原理的系统，设 L 为数学上的线性算子，输入变量为 u_1，u_2，常数为 k_1，k_2，它有：

$$L(k_1u_1+k_2u_2)=k_1L(u_1)+k_2L(u_2)$$ 常见的 L 算子很多，如微分，积分，拉普拉斯变换，付里叶变换，线性代数中的矩阵变换等，目前数学工具中绝大部分都是线性算子。

线性系统的分析和计算在理论上十分成熟。按郑大中[1]的意见，它有四个学派，即线性系统状态空间法，线性系统几何理论，线性系统代数理论，多变量频域法四种主要方法。在时域中建立了线性系统的描述及运动分析，线性系统的可测、可观性，线性系统的稳定性及时间综合。在频域中建立了线性系统传递函数的矩阵描述和多项式矩阵的描述，及频率的分析和综合。

　　线性系统的研究理论完备而优美，结构严谨，并有非常丰富的工程应用经验，但它是还原论的，它回答不了复杂性问题，但作为复杂系统的一个简单伴随系统，仍有着重要的研究意义。

　　将非线性转化为线性的两个原则是：

　　较小的范围，一个复杂系统，从当前状态演化的一个很小范围内，此时非线性产生的变化相对较小时，可以用线性系统代替非线性系统，这种近似是以约束其范围来保证的，范围可以理解为时间、距离。距离可以理解为几何距离，也可是状态与状态的距离，总之范围要小到这种近似是有意义的。

　　另一个原则是非线性因素在全局中所占的分量很小，系统中主要的关系是线性的，而非线性对系统的演化贡献很小，不是演化的主要因素，此时，这种非线性可以略去，或用线性替代。

　　这两个原则的本质是在系统的研究中已有比较成熟的经验和实验数据，已经掌握了它的演化的基本规律，线性化假设约束在较小的局部，系统中占次要地位的非线性的舍去，并不影响整体的演化规律，这种方法成功例子很多，关键是运用者要能把握住它的前提，不要忘记，简化可能会丢弃了系统中关键的东西。

（3）将多因素减化为少因素，将高维降为低维

复杂系统元素众多，关系复杂，状态空间浩大，状态变量集庞大，在研究中保持其复杂的关键元素及关系，删去次元素和关系，系统并不降为简单系统，仍是复杂系统，仍具有非线性等一系列特性。但它的规模有所缩小，变量减少，从而对状态空间的观察和控制容易实行，这有利于解决复杂系统中对我们关注的最重要的部分，便于集中力量进行深入研究。气象方程应有几十个，组成联立高阶非线性微分方程，但洛仑兹简化到 7 个，分析并产生洛仑兹吸引子的只用了三个方程。罗辑斯蒂方程研究生物群落，只是时间和群落数量，只有一个方程，出现了混沌，严格的讲，生物种群的变化和很多因素相关，除食物和空间环境外，还有疾病，气温，日照，其他物种的影响等诸多因素。但是在研究时都加以固定，就是减少状态变量数目，同样揭示了它的复杂规律，所以不改变复杂系统的简化复杂系统，采用降维的方法也是一种研究分析方法。

4.1.2 非线性动力学的方法

系统动力学是上世纪为了研究系统的动态而发展成一门科学，在自动控制、数学中已是一个热点，一个简单的动态系统常用常微分方程来描述，当遇到复杂性时，经过简化，仍能将大量现实问题以常微分方程表示，从而对系统的动态特性有了深刻的认识。系统的演化过程可以分析计算，系统在外界的条件变化产生各种扰动时，系统的过渡表现，引出了系统的结构及其稳定性问题，有了很多精彩的研究成果。线性系统动力学是非线性动力学研究的基础，已经有很好的

研究成果。如哈密尔顿（Hamilton）系统。

它由一个函数 $H: U \subset R^{2n} \rightarrow R$ 来定义

设 $H = H(x_1, x_2, \cdots x_n, y_1, y_2, \cdots y_n)$，则哈密尔顿方程为

$$x_i = \frac{\partial H}{\partial y_i}, \quad y_i = \frac{\partial H}{\partial x_i} \qquad i = 1, 2, \cdots n$$

如果函数 H 沿着任一轨道 $C(t) \in R^{2n}$ 取常值，就有 H 的一个守恒方程

$$\frac{d}{dt} H(c(t)) = \sum_{i=1}^{n} \left[\frac{\partial H}{\partial x_i} c_i(t) + \frac{\partial H}{\partial y_i} c_{n+i}(t) \right] = 0$$

但是线性动力学的研究中不能深入地解决复杂性动力学的问题，采用非线性动力学，解决复杂性问题有了一定的成果，至今没有一种普适的方法能解决非线性动力学问题。目前非线性动力学从几个方面开展了深入的研究：寻求将部分非线性问题经过映射变换为线性问题，这个变换是精确的，不是简化的；将高维、无限维的非线性问题降维，变为有限维的问题；研究分岔和混沌，尤其是研究分岔和混沌的应用；在振动研究中，研究非线性经典振动和非线性随机振动[2]。

将非线性问题转变为线性问题的思路是，运用近代代数学的研究成果，如群，赋范线性空间的巴拿赫（Banach）空间，（Hilbert）希尔伯特空间及映射原理，运用微分几何及拓扑学研究成果，研究光滑流形之间的映射，可以将一部分非线性微分方程精确地转变为线性微分方程，将很多线性理论研究的成果，推广到这部分非线性问题中去。

高维，无限维的非线性问题化为低维或有限维的非线性的方法，已有一定的成果，这同样要依靠近代数学的成果，李雅普诺夫－施密特（Lyapurov－Sehmidt）方法给出了比

较完整的结果，SC方法采用将空间分解为两个子空间，将原来一个方程分为两个方程，逐一求解，降低了原来问题的维数。

在研究分岔和混沌方面，非线性动力学已有较多的成果，非线性动力学系统对混沌给出了比较严密的定义，对混沌的特征描述比较准确，非线性动力学认为混沌给出了人们认识的动力系统第四种常见的但是复杂的存在形式，即继静止（平衡态），周期运动，准周期运动之后的第四种运动状态，它的特征是运动的区域有限，轨道永不重复，对初值敏感，无周期但有序，并且费根鲍姆发现了混沌的两个普适常数。既有看到确定性，又有随机性的最复杂运动形式。

在非线性动力学的研究中，对分岔混沌的研究已有很多的应用，是目前复杂性研究比较深入、理论比较完备的前沿研究。但由于复杂性的本质、研究手段还没有从根本上突破，普遍的数学工具还没有发现，所以面临着生物、社会、作战的复杂性还远远落在非线性动力学的研究后面。

4.1.3　控制论中的方法

经典控制论和现代控制论，对控制系统的表述，系统的功能性表现，系统的可观性、可测性、稳定性、鲁棒性的研究都有完整的理论成果，采用PID控制器也取得了很好的工程应用。复杂系统的控制首先表现在对非线性系统的控制上，进而研究生物，人类社会的控制，因此基于线性论的控制理论力不从心，在经典和现代的控制理论中也考虑了某些非线性环节，如饱和、死区、回线等控制环节，用仿真的方法可以研究他们的影响，用计算机可以实现非线性控制，但在理论上没有实现解析解。尽管自适应控制强调了控制模型结构的变化，来满足控制的需求，同样没有从理论上根本解决复杂系统的控制问题。

复杂性在控制中的研究也是以非线性控制为重要方向，研究的方法和非线性动力学很相似，充分认识到复杂系统的特性后，也采用非线性精确线性化的方法，非线性的几何控制方法，变结构方法等多种方法解决非线性的控制。

非线性精确线性化的方法，依然是依托数学的研究成果，提出了非线性系统的精确反馈线性化方法，包括精确状态线性化，精确输入输出线性化等，研究单输入单输出（SISO）、多输入多输出（MIMO）系统状态精确线性化的条件和方法，并研究非线性系统的鲁棒性等问题。

非线性的几何控制方法指出精确变换的方法能解决一些问题，但它的需要条件常不能满足。很多非线性系统有着自己的特点，要从本身特点出发，发展相应的控制方法，尤其在系统的能观性、能控性上，非线性控制系统的理论工作有了初步的成果。

变结构控制中以滑模控制进展较大，起初只在低阶单人单出问题上开展研究。近 20 年，已在离散系统，分布参数系统，滞后系统，非线性大系统中开展研究，多用于机器人、机电控制、航天控制之中[3]。

4.1.4　人工智能研究中的方法

人工智能是研究智能机器或机器的智能行为的科学，它的核心是模拟实现人的认知过程或认知过程中一个片段，是人的认识过程的仿真。在人工智能中，目前没有明确的复杂性研究的提法，但它一直把人脑的结构和脑的工作过程作为智能研究的基础。知识是人类独有的信息结构，而智能是人类认知过程中的行为，它本身就是一个十分复杂性的过程，涉及到一系列生理、心理的活动，所以人工智能的研究从本质上和复杂性研究不可分离，目前复杂性表现在知识的表示方法，学习机、推理机及智能行为的研究[25]。侧重为建立智能模型，研究有效的算法，构造人工智能系统，依靠计算机的仿真进行研究。

人工生命（artificial Life 简称 aLife）于 1987 年由美圣菲研究所的蓝顿（Lamgton）提出，目的是用计算机、精密机械等人工生成物构造出能够表现自然生命行为特征的仿真系统，它具有自组织、自复制、自修复并能有复杂系统的演化行为，由于人工生命是仿真研究生命现象的自适应机理，对非线性进行真实的动态描述和特征研究的重要方法，所以它和一般的人工智能研究不同，更强调从复杂系统的研究角度探索智能问题[4]。

人工智能中还在复杂模型的建模中提出智能主体（agent）的方法，它起源于分布式人工智能，即网络出现之后，单个计算机即使是巨型机也无法和庞大的网络相比。网络的结构、功能大大出乎人们的意料之外，网络不仅解决了常规的通信的功能，而且信息共享变得十分容易，强大的网上的互操作能力，不断赋予网络活力，因而产生了分布式智能。史忠植说"分布式人工智能的目标是创建描述自然和社会系统的精确的概念模型"[5]，从此，单独的个体智能由团队、群体智能取代，团队由个体组成，所以"智能主体"比个体智能增加了合作、竞争等交互功能，这和复杂系统的研究是吻合的。

智能主体应当具有复杂系统中子系统或组分的一些能力，如自治性，对环境的反应能力，相互通信的社会能力，自主的行为能力，由于它先是一个概念模型，进而到数学模型，从而形成仿真系统。近几年来，由于不断的研究，智能主体还向具有人类通常的特性方向发展，提出了具有信息，能力，选择性，承诺等，要求具有生命周期，可移动，能学习，会规划和推理，不故意制造错误，能化解冲突等性质。并建立了大量的试验环境。

在理论上和应用的研究都说明，采用智能主体是构建人造复杂系统仿真的较好的方法之一。

4.1.5　网络复杂性的分析方法

复杂系统的众多元素构成复杂的关系，其结构可以看成一个网络，所以用网络这种抽象来研究复杂系统是一种非常形象的有效的方法。网络的现实很多，有电力网，通信网，因特网，交通网，神经网，人际关系网，疾病传播网，…，它有着数学理论的支持——拓扑学。在网络理论的研究上，由于通信网，因特网的诞生，已有较多的研究成果，尤其在网络的复杂性研究上的成果，对系统复杂性研究有很大的推动。因特网就是人类制造的一个复杂系统，它具有复杂系统的很多特性，从因特网的演化可以研究复杂系统的很多规律[6]。

上世纪 50 年代，数学家 Erdös 和 Rényi[7]提出了随机图模型，做为系统中各元素之间的规则结构，即两个元素（结点）之间的相连接的边不再是确定的，由一个概率决定，1998 年 Watts 和 Strogatz 在"自然"杂志上发表"小世界（Small World）"模型，它认为，小世界网络模型，既具有规则网络的类似的聚集特性，又有随机网络类似的较小的平均路径长度。小世界模型的网络平均直径比较小。1999 年

Parabási 和 Albert 在"科学"杂志上发表文章指出，现实的网络的度分布具有幂规律形式，由于幂律分布无特征长度，又称无尺度网络（Scale－Free Network），这些模型对复杂性研究，从结构上寻求到一些定量的方法和描述，也对系统元素间的协同，系统的自组织研究有很大的促进。李德毅指出"现实世界中的许多复杂网络具有小世界效应和无尺度特性"，科学家意识到，复杂系统无论是真实系统还是仿真系统，可能具有相同的结构，受制于某些基本法则，这些结构和法则甚至可能是简单的，同等地适用于细胞，计算机，语言和社会[7]。

4.2　实验及仿真的方法

仿真科学和技术是科学研究的重要工具，对于理论研究尚无结果而实物实验又不可能的很多科学难题，都采用仿真科学和技术的方法取得了成果，尤其是数字计算机发明之后，仿真科学和技术飞速发展，成为各学科重要的、有力的研究方法和工具，由于复杂性系统的研究面临着诸多困难，理论上由简化复杂到面对复杂性，感到数学工具还十分不力；复杂性的理论未成体系，方法论上观点明确，但实际方法不够丰富；现实的问题的需求非常多，而且有很多复杂决策问题事关重大，决策人的责任大，压力重，研究需要十分谨慎。所以复杂性研究的发展引起众多关注，人们寻找适用的研究方法，从理论、实验不同角度同时进行研究，成了十分迫切的问题。

复杂系统的真实实验是十分困难的，社会的经济，作战问题，不可能进行真实的实验，常用的是观察现象，采集数据，分析情况，总结规律，提高认识，在很小的，可控的范围有目的的尝试进行一些安全的实验。如某个政策的试探性运行，某种战法的演习性检验，但大范围，系统整体级的实验是不可能的。人脑的复杂性不可能进行损伤人体的试验，只能做一些数据的收集。实装实兵作战，自然界的气象，环境，不能从全系统去实验。所以复杂系统的实验是困难的，局部、小规模的实验由于其局部性，不可能得到全局的涌现，而全局的观察又很难建立起它的模型，说不清它的内部关系，所以复杂系统的很多规律目前是不知、不晓。既然理论研究和科学实验都遇见了困难，仿真科学及技术自然成了复杂系统研究的重要工具。

4.2.1　复杂系统的实验方法

完整的复杂系统由于它不可控制或不能人工随意去改变而不能进行整体实验，所以对复杂系统的整体性的实验研究，主要表现在对数据的观察、收集。而事先设计的，有所约束的，安全的局部试验可以进行，但全局信息较少，仍有一定的研究价值。

（1）复杂系统的数据观察和收集

这件工作已成为人类科学研究的常规，结合着各种人类生活的正常演化而进行着，如天气的监测，海洋监测，地壳运动的监测，疾病的监测，电网的监测，交通的监测以及病人的各种生化、生理数据的监测。一方面是维护人类生活的需要，同时也有科研工作的需要。监测中一般是不能加入人工干预，不去扰动系统的演化过程，社会，经济，军事，人体复杂系统等有可能进行调控，但大多数调控在局部范围，以求达到预期效果，很多自然复杂系统，人只能观测是没有

157

能力进行调控的。

数据收集中主要问题是人的观念，一是要重视；二是有责任心。对数据要负责，要保证它的真实性，真实的观测数据是无价之宝，是创新的起源和基础。

（2）复杂系统的局部实验

一般复杂系统是很难做整体性实验的，自然界，生物体，社会的复杂系统有的人还不能控制，无法试，有的是能控但不能试验，因为实验将产生巨大的可怕后果。复杂系统的实验大部分是在局部范围之中，如自然界中用工人爆炸的方法，测量地质的结构；又如观察人的脑电波的变化等。社会上选择局部试行某一种政策实验，如建立经济特区，以实验新的政策效果。组织军事演习，以研究作战效果等，这些都是局部试验，局部试验的目的还是想找到全局的规律，所以局部试验的设计、实验的实施应当十分谨慎，以求得到科学的结果。

4.2.2　简化复杂系统的仿真

简化不仅是分析和建模中使用，在仿真中也使用，对于自然界生物，社会各类复杂系统，都有着对应的简化并仿真的方法。从自然界，气象的预报就是尽力将复杂系统简化到用众多的方程和经验公式组成的系统，在采集的数据支持下，实现短期天气预报。由于简化，不可能进行精确的天气预报。生物学建立了各种生物的模型，进一步采用人工生命来仿真生命体，建立了数字人并有各种治疗方案的仿真，人体功能的仿真，生命机理的仿真等，解决研究生命的复杂问题的方法。社会，经济，军事学中有着较多的简化模型，对经济发展进行预测，对社会民意的变化给以评估，对作战中

158

装备战损和弹药消耗进行测算，这些都是采用简化的方法。建立简化的模型，并在计算机实现，形成计算机仿真系统。仿真试验也要进行试验方案的设计，明确试验的初始条件及准备相关的数据，在仿真计算机上可以大量重复地试验，将试验数据整理、分析，形成试验报告，从中得到我们需要的答案。

这种简化仿真是目前大多数仿真采用的方法，由于仿真系统和真实的复杂系统是两个性质不同的系统，简化仿真是简单系统，而研究对象是真实的复杂系统，本质上它们是相异的，只有仿真描述的那一部分和真实实验系统中的某一部分有一定的相近或相象，即部分相似，从而可以从仿真结果了解真实的某些特性，所以仿真的可信性成了仿真实验的最核心的问题，仿真结果必须同时存在有仿真可信性的分析，以说明仿真的过程，结果的可信程度，可信性高的仿真结果，其价值就高，否则，错误的结果误导决策是非常危险的事。

4.2.3 人在环，实装在环的仿真

人就是一个复杂系统，简化仿真系统中如果要描述人的作用，就要建立人的模型，这是一件很困难的事，因为过多简化的人的模型，与真实的人差异太大。所以仿真中有一种结构就是把真实的人放在仿真环节中，即人在回路仿真（man in loop simulation），同样有的很多真实的世界中的人造的装备、人造设备或自然界的实体，建立模型也有困难，就将这些装备、实体放在仿真环节中，这叫武器装备实物在回路仿真（weapon system in loop simulation）避开了建立模型的困难。构建的以人在环，实装在环仿真系统难度较

大、投资较大，但真实的人，真实的装备提高了仿真的可信性，对复杂系统的研究是一种很好的方法。这种仿真系统不仅用于研究，也用于训练，已经取得了公认的很好的效果。如作战模拟训练系统，股市模拟训练系统等。

人在环，实装在环的系统仍然需要模型的支持，即人和实装之外的所有仿真环境，仍要由计算机生成，所以这部分模型的质量十分重要。人在环仿真系统的整体结构设计，运用中的实验设计，都将影响仿真的质量。

这种仿真方法的缺陷是，人和实装备都是具体的，每次参试的人和装备都有着其个性，如果这种个性对复杂性的影响很敏感，那么仿真结果将和参试的人及装备直接关联，造成试验结果的多样性；这种方法对参试人和装备的控制比较困难。要求参加试验的人要足够的多，设备也要有一定的规范，才能得到比较科学的结果。

4.2.4 智能仿真的方法

在复杂系统的简化模型上，引入人工智能的方法，使仿真系统中涉及到的自治性、非线性、不确定性、突变性等复杂特性时能够有相应的智能模型支持，从而仿真中出现复杂表现，进行复杂性的仿真。在仿真系统引进智能较多的方式是引入能进行推理、决策的模型，通常建立一种或几种知识结构，并选择一定的推理机，在仿真系统中不断的给予各种条件、情况，经过推理，产生出结论，去执行某一种行动，这种智能结构有的简单，也可以很复杂。通过对智能模型的控制，使仿真的结果和复杂系统的特性比较相象。典型的例子是机器人足球赛，在双方比赛中，已经可以初步显示出复杂系统的整体性、自治性、协同能力、竞争能力、带有智能的作战模拟已进入了研究实用阶段。

智能主体的技术在以软件构成的智能仿真系统中，是主要的技术方法，由于它的基本智能能力、有交互性和反应能力，在数量较多的智能主体的仿真中，能体现出复杂系统的初步特性。

4.2.5　构造人工复杂系统的仿真方法

依照相似的原理，对被研究的真实复杂系统的组成、结构、性能、功能比较全面研究的基础上，在计算机上建立相应的组成，结构的模型，引入智能仿真的基本方法，实现系统组分之间的层次关系，建立它们之间的互操作模型、机动模型、信息模型，并且按照复杂系统的演化过程，形成演化过程，在动态中的相互合作、竞争，运用人工生命的方式，赋予人造的系统中的元素，子系统相应的生命机制，这就是用人工的方法实现一个人造的复杂系统。系统建成后，启动运行，并不断的实现环境与仿真的复杂系统的交互，模仿能量和质量的交换，实现信息上的交互，使人造的复杂系统开始进入自己的演化过程，通过对人造复杂系统的演化过程数据的收集和调整环境与它的交换关系，观察系统的各种表现，从中寻找和确认与真实复杂系统的相似关系，达到研究复杂系统的目的。

由于人造的复杂系统需要的计算机资源十分巨大，人造复杂系统的计算能力和存储能力都应与复杂系统的元素，子系统相适应，仿真的软件和硬件的结构，要与复杂系统的结构相适应，而软件的要素应当具有能够自治，具有非线性，不确定性，自相似性等一系列复杂系统特性的产生机制，从而在演化中表现出不可逆，不重复，突变，涌现一系列性质。当前智能主体的软件设计，计算机的网格计算硬件环境，高性能计算的很多技术，都是构造复杂的仿真系统的条件。虽然还没有看到完整的复杂系统的样机，但在不同的层次上已有很多研究，如美国的圣菲研究所开发的 Swarm 系统[8]，便于用户组成智能主体的系统模型；中科院计算所史忠植开发的 MAGE 系统[5]；国防科大开发的 JCASS 系统，都在智能主体的理论下向构建复杂系统的仿真做了很多研究工作。

在复杂系统的实验与仿真的方法中，仿真的方法因为它的实现相对而言比较容易，适合不同领域的复杂系统，可以形成持续的研究能力，因而有很强的生命力，简化仿真，人在环、实装在环的仿真早已用于军事仿真系统，在战争的复杂性研究上已有较多成果，智能仿真已进入到实用，构造复杂仿真系统也已初步具备了条件，所以复杂性的研究将运用人造复杂系统仿真是必然的了。

4.3　综合集成的方法

复杂系统由的自身所具备的很多特性，运用上述各种方法进行研究时，仍常常受限于方法本身的局限性。复杂性被简化了，丢失了复杂性，甚至引入了非本复杂系统的特性的其他性质，造成对复杂系统的研究失去了科学性，发生了错误，在理论上会失去正确方向，得不出完美正确的理论结果，在实际上将产生不良的甚至危害我们的后果。所以复杂性研究中要从系统的全面的看问题，只要整体论不行，只要还原论更不行，按照钱学森的意见，主要用整体论和还原论的辩证统一的方法,他称为系统论的综合集成的方法。

162

4.3.1　一般和个别的研究方法

复杂系统的演化每一个过程，表现出来的特性都带有很强的个性，造成了它的演化过程不可逆，不重复，我们看到的，搜集到的，记录到的数据可能是复杂现象的一个片段，一个表现，一个动态的时段的记录，因而它带有随机性。非复杂系统依靠少量数据，局部现象，可以在理论指导下，找到它的本质和规律，并给出全面的预测，而复杂系统目前不可能做到。复杂系统的研究要掌握更多的数据，要观察更多的现象，也就是需要很多的样本。同时我们已经知道，复杂系统的表现对初值的敏感很强，对经历演化时间过长的系统，预报是不可能的，因为复杂系统的演化中，大量的情况还没有出现，而我们不能控制它们何时、怎样出现，这样即便有了模型，也缺乏相应的条件和环境，而无法精确预测。为了解决复杂性问题的研究，需要足够的个别，个体的研究和一般、整体的研究相结合，实验和理论要相结合，注意个别、个体的表现，分析整体的涌现、突变的性质。

4.3.2　上层和下层的分析方法

系统的结构有着层次性，还原论是简单的把下层的性质，研究成果相加，这得不到复杂系统的上层的涌现结果。我们对下层的研究结果，只要是科学的，应当肯定，而且它是一个基础，但是在从下而上综成时要注意，他们涌现的新的性质，这种应当是底层没有的性质，遵循这个研究方法，就不再是还原论，而是整体思想指导下的综合。

同时还要从上而下的分析它们的层次关系，分析众多因素中间的互相关联，互相制约，互相交绕的关系，为了解它们的非线性,突变性,涌现提供引导信息。

4.3.3 综合集成研讨厅的方法

    钱学森在开放复杂巨系统的研究中,主张定性与定量相结合的研究方法。在 1990 年不仅给出了开放复杂巨系统的概念,而且明确提出了对它的研究方法是"定性与定量相结合的综合集成法"[9]。这是从社会系统,人体系统,地理系统这三个开放复杂巨系统的研究实践基础上提炼,分析和抽象出来的。1991 年钱学森更进一步将定性定量相结合的综合集成法发展到"从定性到定量的综合集成法"[9],强调了从感性到理性,从定性的不完全的感性到综合定量的理性认识。1992 年钱学森又提出了人机结合,从定性到定量的综合集成研讨厅体系[9]。它充分发挥人的作用,把人集成在系统中,采用人机结合,以人为主的技术线,在集体讨论中,互相启发,互相激活,互相导引,产生认识上的飞跃,涌现出新的知识、创见,充分发挥集体的智慧,即整体的智慧。它综合了在场的人的智慧,也可以综合不在场的人,包括古人的智慧。这个方法是应对开放复杂巨系统的重要方法。钱学森为综合集成研讨厅制定了理论框架,明确了它的运作机理,在钱学森,戴汝为等人努力下,从思维科学的理论、技术、工程三个层次为综合集成研讨厅的构建打下了浓厚的基础,经过戴汝为及其同事十余年的研究,目前已研制了一个初步可用的研讨厅系统,并从 HWME(Hall for werkshop of Metasynthetic Engineering)发展到 CWME(Cyberspace for workshop of Metasynthetic Engineering)[10],这个综合集成研讨厅包含了专家体系,机器体系和知识体系,其中专家体系是研讨厅的主体,是复杂问题求解的主体,由主持人和专家组成，依靠专家的"心智"，机器体系主要是依靠计算机硬软件的高性能计算，知识体系为相关领域的知识和信息，问题求解的知识和信息[10]，并形成三个中心，提供七种服务，它们是研讨中心，数据中心，信息中心。研讨中心提供专家的接入服务和研讨服务；数据中心提供专业资源服务和决策支持服务；信息中心提供信息服务，系统管理员有系统管理服务和系统支持服务，系统完成了以因特网为基础的分布式研讨厅的雏形，并支持对宏观经济决策这个复杂性问题研究能进行综合集成研讨。

从定性到定量的综合集成研讨厅的研究方法在戴汝为的研究成果中已有了基本的形态，在复杂性科学研究中，有了较强的可操作性，这是我国在复杂性研究方法上的重要的成果。

参考文献

[1] 郑大中．线性系统理论．清华大学出版社，1990，3

[2] 陈予恕，唐云．非线性动力学的现代分析方法．2000，9

[3] 胡跃明．非线性控制系统理论与应用．国防工业出版社，2002，1

[4] 蔡自兴，徐光侑．人工智能及其应用．清华大学出版社，2000，8

[5] 史忠植．只能主体及其应用．科学出版社，2000，12

[6] 崔霞，李耀东．复杂网络与一类开放的复杂原系统的探讨，复杂系统与复杂性科学．2004，1

[7] 李德毅．不确定性人工智能．国防工业出版社，

2005，7

[8] 胡晓峰．战争复杂系统建模与仿真．国防大学出版社，2005，6

[9] 钱学森．创建系统学．山西科学技术出版社，2001.11

[10] 戴汝为．基于综合集成的研讨厅体系与系统复杂性，复杂系统与复杂性科学．2004，4

第五章　以复杂系统观点
研究作战现象

战争是政治斗争的继续，是采用暴力解决政治矛盾的手段，它是人类社会的特殊现象。从历史上看，至今已发生了千百万次大大小小的战争，人类的历史既是一部文明发展史也是一部战争史。战争是由世界最高智能的人相互的生死斗争，参加战争的人员数量巨大，动用的武器装备类型繁多，相互关系十分复杂，是一个开放的复杂巨系统，所以用系统论的观点研究作战，是当代研究作战及其规律的人们必然使用的理论方法和工具，采用复杂系统理论研究作战，更是本世纪研究作战的新的理论和方法，是值得我们认真进行的一项基础性的研究工作。

5.1　作战中的系统性表现

作战从层级上分有战争、战役、战斗三个层次。战争从类别上分有世界大战和局部战争，从系统论的观点来分析作战的性质，对作战系统的表现进行分析，使我们观察作战系统的形态，进而研究作战的复杂性表现，为深入地、系统地研究作战系统打下基础。

5.1.1　作战的整体性

所有作战的研究者都把作战的整体性作为研究的重心，

作战的胜负是作战的最后才会明确。而作战的最终的胜负是作战整体性的重要的表现，胜负一定是整体上的胜负，局部的胜负不是最终的胜负，由局部胜负到整体的胜负，它是一个部分和整体的关系，局部的失败，作战双方都会出现，整体获胜者不会因为局部的失败而不获胜，而局部的胜利也不能挽救败方的整体的失败，所以作战的整体胜负是作战系统整体性的表现。

作战的整体性表现在作战的全局性。作战的全局是指作战的总体，是作战的各方面，各阶段的复杂性的总和。作战局部是指作战总体的一部分或作战过程的某一阶段。作战的整体性，作战的全局性是作战双方的政治目的，经济力量，军事思想，作战资源，作战保障，动员能力，参战部队数量，装备体系，以及作战特点，双方的作战能力等等的复杂的总和[1]。这里强调是"复杂的总和"，是区别一般的线性，简单的总和。而上面的任一因素是它的局部，作战中不同编成的作战力量，在不同作战阶段大量的作战行动，就其每个行动或若干个行动对作战来说，在作战系统中只是一个局部。

作战的研究者自然的有着强烈的全局性观念，这是符合系统科学理论的，作战的全局高于作战的局部，统率着作战的局部，对局部的变化起着决定的作用。全局由局部组成，各作战局部在全局中地位作用是不相同的，对于影响全局的局部，则是我们要十分关注的。从作战的整体性上看，掌握全局，关注作战的各方面，各种力量，各种因素之间的关系，特别是对全局的关系，关注作战演化各阶段之间的关系，关注演化中对全局有影响的方向、分岔问题，关注影响全局的局部。

作战是一个演化过程，作战的各方，运用自己的智慧和资源，进行精神、物质上的较量，双方有各自的进攻和防守，相互争夺杀伤，相互退让、规避。各自遵照着自己统帅制定的战略和作战思想，力争主动，歼灭对手，保存自己。这样一个精神、道义、物质交织在一起的复杂社会演化行为，出现了大量常规中少见的整体现象。作战中在全局指导下的局部的创造性，影响全局的局部作战的成功，都大大的提升了该方的全局优势，从而在演化中对优势方日益有利，对劣势方日益不利，直到作战以一方失败、妥协为结束。双方优势和劣势的存在和转化都是战争整体性的表现。

5.1.2 作战的层次性

所有的作战，无论其装备的技术水平怎样发展，作战的层次性仍然十分明显和客观存在，由于对系统层次的分析有着不同的方法，也就是可以从不同的观点，角度，侧面来看作战的层次，因而对作战层次结构的分析有多种认识，比较常见的是从作战的系统的结构区分的战争、战役、战斗三个层次，也有将战争系统分为 7 个层次[2]。作战的最底层是各种形式的战斗，表现为从双方的作战的单个兵力，装备的最小单元之间的对抗和以此为基础的一定规模的兵力间的战斗过程。每一次战斗在一定的时间空间中发生，一般持续时间不长，然后双方脱离或相持，或一方歼灭另一方，作战进入下一次战斗的准备。战斗的间歇说明双方作战力量需要聚集，需要补充和调整[3]。一系列的战斗组成战役，战役的层次性很强，双方有着各自的明确的战役企图、目的，双方都力求自己主动，能控制战场的发展。战役决战时，战斗间隔缩短，战斗十分频繁，在很大的空间内发生，它的演化同样有着时间上的间歇性，一般战役有始，有终。战役作战中双方都有着严密的指挥体系，指挥的层次分明，对参战部队实行作战编成，同样是严格有序，这种人为的组织行为是指挥员指挥水平的表现[4]。一定的战役组成战争，在战争中，战略的层次十分突现，它涉及双方政治集团的存亡，因而是作战的最高层次，其战略思想，指挥机构，作战的物质力量，技术水平，参战人员的素质和训练水平都将在战争中的进行中影响着战争的演化[5]。

不仅作战系统有层次结构，参加作战的部队有着严格的明确的层次结构，由于在和平时期对部队管理的需要，平时部队也存在明确的层次管理结构，如我国陆军有集团军，师（旅），团，营，连，排，班到单兵，同一层次为同级，层次低的为下级，层次高的为上级，上级领导下级，下级服从上级。战时这种层次关系在形式上有所变化，以编成、编组的方式重新组成作战的结构，形成新的隶属关系，即指挥关系，编成的新的层次结构是以作战任务的需要和部队的现状为依据，通过作战编成形成最合理，最有效的作战结构，以产生最大的战斗效能。

在作战的组织实施中，同样看出作战的层次性，作战前有着严密周到的作战方案、计划，作战的行动逐层、逐步展开，先后次序有着严格的规定和协同。各军、兵种要有严格的协同，要相互配合，从统帅部直到一个士兵，都在作战机系统的各个层次上。层次之间，层次之内，进行着大量信息交互，这种成为当今关注的重点，计算机在作战系统中焕发出人们对信息的重要作用的新认识，也成为作战系统中的重要组分，当用信息引导着物质和能量时，最终形成作战中的巨大摧毁力。由层次间和层次内的信息流引导着物质流的复杂演化是人类最复杂的群体行为，最复杂的演化现象。

5.1.3　作战的开放性

作战的开放性表现在作战系统是不断的和战争的环境进行着交换。而作战对抗的双方组成的作战系统，它和作战环境之间，双方对抗子系统之间不断地、主动地进行能量、物质和信息的交换。战场环境受到作战双方的作战行动的改变，环境自身也被改变，例如双方都在设障，双方又要破障，双方都在破坏对敌机动有利的地形、地物，摧毁对方的指挥首脑机关、通信系统及具有作战能力的设施，设备，甚至涉及到工业，农业及与人民生活有关的能源动力，交通运输等一切可以转化为作战能力的民间体系。同时，双方又努力恢复、修理被对方的打击造成的损伤，保障自己的进行战争的基础。战争系统对环境的物质、能量、信息的交换是十分巨大的。

作为作战系统内的对抗各方子系统，更是相互在能量、物质以及信息上的大量交互，这种开放性说明任何一方都在采取一切措施，通过交换，增加自己的有序和稳定，而造成对方的无序和混乱。

对抗双方构成的子系统都尽力掌握对方的一切信息，获取充足的情报，这是一种复杂的交换。为了获取信息，要动用各种侦察手段，快速、准确的收集、掌握对方的情况，并用于指导自己的作战，从而使自己的作战行为更加有效。而双方又采用一切手段隐蔽，不让对方获取自己的信息。

当作战的一方在作战中一旦没有能力实现这种开放性，不能维持能量，物质和信息的交换，这就说明该方处在被动的地位。此时，作战的一方子系统的无序增加，混乱增加，熵在增加，当无法脱离这种逐步走向封闭的状态，自己不能主动的实现开放，子系统就会走上瓦解，走向灭亡，这一方将面临作战中的失败，而作战系统因为一方的失败而结束它的演化，作战就结束了。

作战的开放性，不仅在作战中有明显的表现，在战争没有发生时，双方的作战准备阶段就已经开始，例如非作战力量转化为作战力量。双方作战能力的聚集，如研制生产包括高新技术的装备，研制和生产弹药等作战物质，构筑各种防御工事，大量收集天候、地形及对方的情报，在民间进行战争教育和动员，都是作战系统与非作战的环境系统的交换，也是作战系统开放性的表现。

作战开放性的本质，影响作战指挥员的观念，逼迫着指挥员具有开放性的思维，使自己指导作战的认知过程建立在作战的开放性特点上。在对态势的分析上有毛泽东提出的"去伪存真，去粗取精，由表及里，由此及彼"的开放性分析方法，重视作战中的装备的实际的性能和打击效果，认识清楚信息的交换在物质能量交换中的主导作用。这些观点都从系统科学中能找到它的理论的根据。

5.1.4　作战的目的性

作战的目的性是十分明确的，它的根本目的是战争的政治目的，战争是为了达到一定的政治目的而进行的。当然政治是经济的集中表现，自然很多战争的根本目的中，经济目的又是十分清楚的，历史上的帝国主义的侵略中国的战争，均是以掠夺中国的资源、财富为目的。中国战败后签订的那样多的不平等"条约"，赔付了数额巨大的黄金白银，无不说明这些侵略战争的目的。

从系统上看，作战系统自身的目的，就是"消灭敌人，保存自己"[1]，消灭敌人才能保存自己，消灭敌人的过程中，不要被敌人消灭，就要保存自己，要保存自己的实力，保存自己的主动，保存自己取得最终胜利的实力和条件。在战争演化过程中一定有最终的胜负，所有的平衡是暂时的，最终是一方压倒另一方，这是作战系统的整体性决定的，双方都有作战能力，但是不一定发生战争，一旦发生战争，一般情况下是有一方获胜主动，而对方被动、失败。"不战而屈人之兵"是上策，它是以作战作为中下策而相对存在，在根本目的上是相同的，是要实现作战主动方的政治目的。所以，作战系统的目的性，表现在它的根本的政治经济目的性，自身的军事上获胜的目的性。

作战系统的目的性会表现出多种多样，尤其是战胜方的领导指挥艺术，常常有多种达到作战目的的形式。一般战争的具体的表现为对战败方的占领、控制，或接管所有政治、经济的权力。按胜利方处理战败国的财产、资源，处理战败国的首领人物及作战指挥员的战争罪行等，从而完全控制了战败方。也可以是不占领而迫使对方接受胜利方的条件，在政治、经济等各方面胜利方获取利益，也有仅仅是达到政治目的或者是争取舆论、民心的行为。

战争性质有正义和非正义之分，它是战争的性质，正义获胜或非正义暂时获胜都可能出现，正义战争和非正义战争的目的会出现根本的不同，正义战争的战争目的是道义的，是有利于社会发展的，而非正义战争的目的是侵略性，是阻挠社会发展的。

5.1.5　作战的突变性

突变性是一般系统的特性，大量的一般简单系统，突变

173

性表现平淡，只有复杂系统才有显著表现，所以下面的描述就已进入复杂系统之中。在后面的作战系统的复杂特性中就不再重复。

作战系统的结构层次，它与环境的边界，系统的功能、性能，系统的演化过程，都会发生突变。表现在战争双方的行动给对方形成杀伤和破坏，致使对方的系统结构，层次的改变。如中途岛之战，美军歼灭日本的航母战斗群，造成了日军海军作战系统结构的根本改变，从此丧失了海上作战能力。战争中双方在陆地、空中、海上不断的改变着作战系统的空间和态势，使战争和自然环境的边界不断在变化。战争中的各自战争机器的性能和表现出功能都会发生很大的变化，因为双方战争、战役、战斗的变化，系统中的组分和子系统的性能、功能有的增强了，有的消失了。如机枪的出现，集团列队进攻的战术改变为散兵式的进攻，坦克出现表现为以坦克引导步兵的冲击战术，从而形成进攻的性能发生变化。旧的消失，新的出现，战争的过程因其演化过程而表现出十分的复杂的变化过程，从战争的爆发到战争的结束的整个演化过程，充满了突变，充满了作战系统的结构，作战系统与环境的关系，作战系统的功能、性能的各种复杂的突变现象。

战争系统的突变在时间上也表现出慢过程和快过程，矛盾的积累有着缓变的过程，矛盾的激化，则是急变的过程，出现了突然的变化。很短时间内作战演化出现很大的质的变化，是十分常见的现象。如战争的爆发，战争的结束都是在很短的时间中发生，其时间分界的精度可以到分钟，如德对苏进攻为 1942 年 6 月 22 日晨，日美的作战则是以珍珠港事件为开始。作战中间的作战行为有着很大的突然性，从作战准备来看它有着必然性，准备就是为了作战，但行动实施的时间又有着突然性。从作战发起时间常常和指挥员的决心有关，又带有很大的随机性，如 1958 年金门炮战，射击命令的下达，有着突然性。大量人参加的有严密组织的作战行为，其突变方式绝非突变论所能描述清楚，因而战争中所表现出的系统突变性是我们研究的重点之一。

5.1.6　作战的稳定性

作战系统一进入演化，在双方都争取主动。集中大量人力，智力，物质资源进行博斗时，作战系统会出现不同形式的稳定性，从战争上看有双方的相持阶段，有战役的间隔阶段，从战役上有双方作战的相对稳定阶段，有战斗的间歇时段，从战斗上也有着相对平衡，处在暂时稳定的阶段。作战中的稳定性是相对的，它是作战演化过程中一种暂时的平衡态，它和作战中的周期态、准周期态和混沌态共存。作战中的纯周期态比较少，在战术行动中的火力打击，当打击样式不变而周期实施时有这种周期性是存在的，但比较少。作战中的准周期态中比较多，如表现在进攻作战，双方的多次组织的战役、战斗的进攻，表现出准周期性。在整个作战系统中常见的是混沌态，尤其从战术层观察，战斗的出现时间、地点、战斗行动的样式，战斗的过程和战斗的结果几乎是不重复的，不可逆的，但它又是有界的演化过程。

作战的平衡态是战争中的寂静期，是双方的基本作战力量形成的作战能力都为双方所默认的时期，是双方力量都不能马上实现作战的作战准备期，从而出现的一种相峙的局面。表面上看是静止、稳定的状态，这时双方作战行动比较稀少，战线比较明确，部队的部署频繁，装备、后勤的作战准备工作十分紧张，双方侦察活动非常活跃，实际上双方的军事的斗争仍是十分激烈。由于作战系统的演化由双方的作战思想所驱动，在与自然环境、非参战国的环境的影响下，作战系统或作战系统中的对抗方的子系统，表现出的稳定性形态所持续的时间的长短都有着极大的不同。在战争上表现出由稳定状态也包含战争的结束，或转向非战争的斗争为主的暂时的停战状态，在战役上表现出战役的阶段性，战役与战役之间的间隔，在战斗上表示为战斗行动的终止和下一次战斗行动开始之间双方的相峙。

作战的演化过程是不同的，由相峙、进攻和防御等稳定与不稳定的阶段组成，稳定是相对的，不稳定是绝对的，直至演化的结束，作战的停止。

5.1.7 作战的自组织性

自组织是系统特性之一，但复杂系统中自组织表现非常强烈，放在这里描述，在后面的作战复杂性表现中不再重复。

作战系统在其作战双方的作战思想和作战计划的驱动下，系统已经实现强烈的自组织性，作战系统的双方其作战的组织是十分严密的，分工是十分细致的，行动是预先计划的，这体现了作战系统的自组织性。"知己知彼，百战不殆"是战胜的定律，而实际上由于作战的双方不可能全面了解、掌握对方的情况和了解自己的情况，所以从历史到现在的战争中，都强调发挥各级作战人员的积极性，主动性，以抓住战机，取得战果，扩大胜利，这就是战争中各层次的结构都有着自组织的能力。本层的自组织是克服着本层的无序及本层领导的下层次的无序的主要行为。调整着结构中的各种关

176

系，交换情报，协调相互的行动，尤其是各级指挥员接到上级的命令后，都有一个理解命令的内容、分析自身的情况、谋划自己的行动的一个认知过程，也就是我们常说的情报综合，态势感知，谋划决策，指挥控制的过程。而美国约翰·波德（John Boyd）提出的 OODA 模型即观察（onientation），定向（orientation），决策（decision），行动（action）模型，并认为这是一个循环过程[6]。这说明在战争各层的自组织中的认知过程，从情报到指挥控制的循环过程，部队的战斗力就是建立在这种自组织基础上。一位统帅，有非常正确、先进的作战思想，但他的下属均是无序状态，将找不到官，官找不到兵，兵也找不到官，那么这位统帅指挥的战争失败就是必然的。在战争中失败一方的溃退，论人数不少，论装备也不是没有，但混乱、无序使带有装备的人没有组织起来，此时数量上是劣势的追兵，都可能将人数众多的无组织的军队消灭。对于有组织的撤退的部队，兵书上主张不要追，有"穷寇勿追"之说。但对于已经无序的部队，就"宜将剩勇追穷寇"。所以战争系统的自组织，各层次的自我组织能力，是战争中战斗力的基础，有了自组织的基础加上本层之外的上级层对本层的他组织，构成战争中一方自组织能力，自组织能力强弱是胜败的重要原因。

5.1.8　作战的相似性

人类有历史记载以来，发生的战争已有千百万次，每次战争都有着自己的演化过程，重复的、一致的、完全一样的却一个没有。自古至今，战争的规模，运用的策略、作战样式、参战部队的编制编成，使用的兵器，作战的时间空间，均各自而异，那么还存在系统的相似性吗，答案是肯定的，这些作战系统之间存在着很多相似性。

首先是作战系统的结构的相似性，参战的双方或多方形成的对抗的子系统，各自的子系统中有着结构的相似性，即有层次，如有统帅，将军，各级军官和士兵；有各军、兵种；有指挥，有保障，从系统的结构看，层次性很明确。

从作战的目的性看，无论正义方或非正义方，作战的目的是消灭对方的作战力量，迫使对方接受己方的条件，一般都出现了胜利者占领对方的土地，控制对方的资源，惩处对方的作战的领导人和将领等等，以暴力实现自己的政治目的，经济目的，表现了作战的目的性相似。

从作战的演变进程看，作战的爆发具有突然性，作战中进攻、防御是演化的基本进程形态，也会出现暂时的平衡，演化中双方有军事思想，有谋略、有战法、有着较完整的认知过程，胜者几乎都比败者在认知能力上高出许多，其中突变性有十分惊人的表现，直到一方战败，战争结束。多数作战历时不长，少数的迁延数年，但连绵数十年的作战很少。

从战争的系统的其他性能看，在整体性、开放性、突变性、稳定性、自组织性等均有相应的相似部分，战争系统的相似性是战争的研究的基础。自古至今军事学上的理论家，采用不同的研究方法，给出了丰硕的成果，如孙子兵法，克劳塞维茨的"战争论"以及古今中外军事家的著作，都说明从作战系统即可以抽象出它的理论、概念，从而研究他们的共同规律即相似性。

5.2　作战的复杂性表现

作战不仅是一个系统，它的本质是一个开放复杂巨系

178

统，它的元素众多，种类繁杂，关系复杂，不可能用还原论来解决它的问题。所以它是一个复杂系统，除了上述的系统的一般特性之外，它还具有复杂系统的特性——复杂性。我们用以下几种特性说明作战的复杂性。其中作战的突变性和自组织性在作战的系统性里已做了分析，本节不再描述。

5.2.1　作战的非线性

作战中很多现象涉及到因果关系，输入输出关系等，它们不是线性关系，有的还不具备连续性，不存在各阶的导数。它的很多现象都是离散的，常见的延时、死区、饱和等简单的非线性随处可见。作战中普遍存在的是多参数，大范围的非线性的动态变化的关系，兰彻斯特方程的局限性，就是不能表达这些复杂的非线性关系。

从战略上看，有"不战而屈人之兵"并称这上上策，说明作战实现的目的和战争的投入就是非线性的。也就是说战争的投入和战争的结果是复杂的非线性规律，并非投入兵力多，打击的强度大，作战结果就一定好。

从战役上看，如果我们限定一些条件后，作战投入和作战效果有着相关的趋势，从火力打击造成对方战损来说，一般先期火力打击致使对方战损愈高，己方作战中的损失就会减小，这个总趋势是对的，但是对方被打击程度和己方战损率之间不是线性，起始打击程度增加时，己方的战损率下降比较慢，到了一定程度，才会出现较快的下降，而后又会比较慢的下降，这就是作战中对先期火力打击的程度是有一定的量值要求的，常说"打就要打够"，打够的量值可用非线性规律来分析。这种非线性的现象很普遍，常说坚持就是胜利，因为坚持到了非线性的变化区，胜利就在眼前。作战效果、效应的积累是非线性的，军事指挥员如果只有线性思维，没有全局的非线性思维，就会有盲目性。

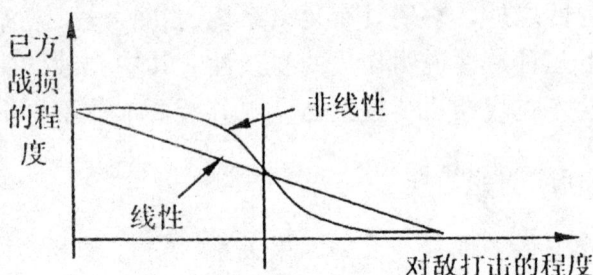

图 5—1　打击效果与己方的战损规律图

　　从战役和战术上看，作战行动的激烈程度，装备战损和伤亡程度均不是时间、空间的线性函数，同样作战目的的实现程度也不是兵力装备投入数量的线性函数，其中作战指挥，战法的设计，兵员的训练水平，精神状态甚至装备运用水平都将影响上述结果，它们是非常复杂的非线性关系，至于侦察装备的发现目标的概率、识别概率，武装装备的射击命中概率、摧毁概率等等都不是简单的线性关系，因而作战过程是以非线性为主导的系统演化过程。

5.2.2　作战的涌现性

　　作战中对抗的各方有着自己的目的，作战过程中是一方要消灭一方的演化过程，这样各方在对另一方的打击中，力求取得大的战果，即消灭更多的有生力量，摧毁更多的作战能力，牢牢地把握作战的主动权。作战中指挥机构，作战部队，作战装备等一系列作战资源，在作战中会大量的消耗，而作战保障系统又要迅速的进行补充弹药、油料和人员，维修战损装备，以求作战能力的恢复。任何一方的补充、维修不上，补充、维修得不快，就会失去作战中优势，甚至失败。作战演化过程中不断的涌现出作战系统的全局的新现象、新特性，这是作战系统整体涌现性。

在作战系统中，任何一方的子系统之中，其各层次的涌现性表现也是十分明显的，各层次进行作战力量的协同联合时，都会出现新的原有层次没有的能力，这种能力不仅和物质有关，而且和各种作战力量的相互联合、协同有关，此时信息起了重要的作用。由几个师组成一个集团军的作战系统时，就不是这几个单独师的系统性能的相加，因为集团军有军指挥所和涌现出所有师所不具备的集团军的系统性能。同样道理在战术层也是如此，三个排及连长组成一个连就产生了三个排不具备的连的性能。多兵种合成，多军种的联合就比单一兵种、单一军种的性能要复杂得多，而且一定会出现单个兵种、单一军种所不具备的新的作战能力。当系统综合得好，系统就会出现作战能力增大的新性能，如果综合不好，也可能出现比原有单独的性能还要差的性能，这都是系统涌现性的表现。一般系统尤其是简单线性系统，它满足叠加原理，性能和数量成正比，数量多，性能就大，简单系统的涌现性就是简单的相加性。但作战复杂系统其子系统之和不等于系统，作战系统产生了子系统不具备的新的作战性能，其涌现的新的系统特性，和系统的关系是什么，都和具体的作战相关，而且不是唯一的结果，它和部队的构成，组织的合理性，指挥的正确性紧密相关，很多涌现是事先不能准确预料的。

5.2.3 作战的不确定性

由于作战系统的复杂性，在演化过程中诸多因素的复杂作用，系统的非线性的作用，有的非线性对初值条件十分敏感，造成作战演化中的不确定性。战争中的各战役阶段，各战役阶段中的各战术行动它们的发生、发展、结束都是不确定的，每个作战行动对整体可以产生不确定的影响。每一个作战中的行为的出现，虽然有它的内在原因，但何时、何地发生何种作战行动在作战系统中是不透明的，作战双方常常蒙在鼓里，被"迷雾"所遮蔽，各种偶然因素表现十分活跃。从战术上看，任何一种杀伤弹药的投放，任一种武器的射击都带有随机性，它的弹着点受到大气环境、地形、弹药的生产精度、战场上的干扰、射手的瞄准误差等一系列因素的影响，使其命中目标时总是有一定的误差，其弹着点的精确值是射击前不能准确的得到的，所以武器设计要求有一定的命中概率。训练中，培养使用者尽可能的提高命中概率，使实战射击时的误差要小到使弹药的毁伤效果能充分发挥，这样才能产生杀伤效果。在这个基本要求下，也不必过分追求更高的精度。坦克炮的精度可以在 1500 米上准确击中敌坦克；精确制导弹药的园概率误差为 5 米，对一栋楼房来说，足够准确，但命中点的随机性仍在。战略、战役、战术的各层次的各种事件出现的不确定性，双方作战界线模糊的不确定性，情报信息的不确定性，作战行动效果的不确定性，都是作战中常见的现象，是不以指挥员的意志为转移的现实。通过参战部队各级官兵的努力，会改善这种不确定性，但不能排除，因为战争的本质就是复杂不确定的。人们力求估计出它不确定的范围、上下界，力求把握事件出现的各种可能的机会，使以在不完全、不全面、不确定情况下的决策能够科学、合理，这也是指挥员非常重视作战的不确定性，养成把握战机，随机应变的品质，是以实现不确定，不完全信息下的正确决策的需要。

5.2.4 不可逆性，不重复性

作战的演化过程，如同生物的生命演化过程一样，不断的向前发展，向不可逆发展。不可逆过程中有两种现象，一是无序不断增加，战斗能力减弱；一是有序不断增加，战斗能力增强。在不可逆过程中，物质，能量不断的消耗，作战各方不断的利用储备，生产或维修，实现补充，形成了后勤、装备的保障。信息是不可逆过程中的各作战结构之间的相互依存和制约的表现，也是不可逆过程的历史记录。信息是演化过程中最重要的表现，是作战系统各组分之间复杂关系的量化特征。

作战中的不可逆性和不确定性自然造就了战争的不重复性，它们都是复杂系统的必然表现。不重复性表现在战争的演化每一个很小的过程都是不会再现，即使在相同的地点，相同环境的条件，它的演化也不会再现，因为相同时间和相同环境条件，它的状态都已经不一样，作战系统的状态变量非常巨大，某一时刻静止状态的相同是不可能的，更不要说它已发生的变化和动态的状态了。

作战中的参加者——士兵、军官和其他非军籍的人员，每一个人都是一个复杂的个体。他们的认知是以他的大脑、神经感官作为物质基础，并有着各不相同的，各自所独有的学习方式而积累的知识，经验。在不同的作战样式，作战时节，作战地域的环境下，对每一个相对于作战者而言的外界的事件、动作、态势的输入，都会产生他自己的反映，这种反映是这个具体的人的大脑复杂行为，不会出现雷同，完全一致的，只能是"英雄所见略同"，即原则上、客观上、方法上的相同和相似。而具体的处置会在相同的趋势上出现千奇百怪，会有着完全不同的个性。这也是战争复杂性根源之一，这个认知过程也是不可逆，不重复的。

从认知过程的分析中，我们知道，人的认识是螺旋式的上升，实践，认识，再实践，再认识，这是毛泽东总结出来的认识过程的循环，它不是重复，它是螺旋式的上升，有循环却不回到起点，而是进到一个更高、更新的起点，也可能进到一个更低，落后认识的起点。所以不重复性、不可逆性并不是没有规律，战争过程从历史到今天，有着很多规律，如同认识过程一样，这种战争的规律的获得，不是战争重复性、可逆性的证明，只说明作战的演化，具有某种相似性，是不可逆演化的相似性。

5.2.5 作战的自相似性

作战系统的自相似性首先表现在战争系统的层次结构上，如作战中的作战力量组织，从统帅部到单个士兵，有着明显的层次性。在一层与另一层之间也存在着自相似性，与一般的分形相比，不同之处是作战中的自相似的层次不是无限维，而是有限维。如统帅部指挥所，战区，方面军指挥所，军指挥所，师、团、营指挥所都有着相似性的结构，一般它都由指挥员及参谋组成，指挥员提供本层作战思想原则和关键的策略，并是本层决策的最终确定者，是本级批准作战行动的最高官员，具有权威性和有效性。而参谋是分有专业，并按一定的原则，若干个参谋组成工作小组，开展作战中某一个方面的业务工作，负责从事作战的侦察情报，态势分析，谋略筹划，指挥控制，作战保障，装备保障，后勤保障等工作，是该级负责的该业务范围内的具体工作者，是作战行动的具体设计者，这种指挥机构的结构有着明显的自相似性。作战指挥的流程也具有自相似性，如前面所说的情报侦察综合，态势感知，谋划决心，指挥控制及美军 OODA 都说明作战系统中的认知过程的自相似性，即不同层级有着不同的任务范围和目标，但认知过程却是相似的。自相似性还表现在作战行动的自相似性，如不同层次的侦察都具有侦察设备到达预定位置，展开侦察装备，实行侦察扫描，发现并识别目标，情报的综合并上报等过程，大型侦察设备，战略层侦察部队的侦察是这样，战术的单兵目视侦察也是这样。

战争中的自相似性表现在"消灭敌人，保护自己"的作战目的规律上，无论那一级，无论那一种军种，不管是什么的作战样式，都存在作战目的上，表现出自相似性。成建制的重兵集团，它有进攻，有防御，它其中的一支部队同样有进攻，有防御，直到单兵，都存在主动进攻消灭敌人，又充分利用各种条件保护自己防止敌人的杀伤。作战的目的性普遍存在，说明了战争中的自相似性。

作战中普遍存在的自相似性，没有无穷级结构，不像康托尔集那样，无限的自相似下去。作战力量结构的自相似，到了单兵，就基本终止，它是有限的自相似集。但表现在认知上的自相似性，若针对某一具体进行作战行动中的认知活动的人，这是有限的，如果认知过程是针对时空中的某一类事物，如对某一大批目标的侦察，打击，再侦察，再打击的循环，它的空间的自相似和时间过程上的自相似就会有更多层次结构，可能是数量极大的结构，从时空来看，可能会有接近无限的自相似层。作战的结构，演化过程，作战系统功能的自相似的研究也会给我们新的感知，并且是仿真研究的理论基础，是抽象作战规律的基础。

参考文献

[1] 中国人民解放军总参装甲兵部．作战理论基础．解放军出版社，1988，9

[2] 胡晓峰．战争复杂系统建模与仿真．国防大学出版社，2005，6

[3] 杨志远，彭燕眉．战术学．军事科学出版社，2002，7

[4] 王厚卿，张兴业．战役学．国防大学出版社，2000，5

[5] 王文荣．战略学．国防大学出版社，1999，5

[6] 军事科学世界军事研究部译编．战略瘫痪论．军事科学出版社，2005，5

第六章　作战系统研究的科学方法

研究作战系统的方法是一切指挥员、战斗员所关心的问题，也是所有从事作战理论、武器装备建设、军事训练的人们所关心的问题。第一是战争是流血的，它涉及众多作战人员的伤亡，大量物质财富的毁灭，战争实践的残酷性，迫使一切研究战争的人要想尽一切可能的方法，在准备战争时候有足够的准备，战争一旦发生，将没有充足的时间去深入细致的研讨，只能在已有的理论、方法、技术的基础上支持作战顺利的进行，支持战时的创新，在获取胜利的目的下，尽最大努力减少伤亡和损失。第二是作战的复杂性，使作战的研究不能完全真实地实验，局部的实验不能给出关于作战全局的知识，在缺乏实战的条件下，要达到正确地认识作战的演化过程的目的，选择研究方法更为重要。

6.1　作战系统的一般研究方法

6.1.1　依靠历史的研究方法

军事的研究中十分重视历史的研究，尤其是战争史的研究，至今军事学学科中有战争史研究的地位。因为历史上对战争的记录，阵中日记，各种战争的遗迹，文物资料，各历史时期研究战争的学者留下的著作、日记，到了现代有大量的记录电影片，新闻报道，档案，文献，这些过去已发生的战争保留了大量信息，依据这些信息进行研究，得到有价值的结论。所以军事上有"论从史出"的观点。

基于历史的研究的最突出的特点，是从整体研究作战，其中关于作战的本质，军事思想，各作战层次的作战计谋，策略，尤其是战略层的谋略已有十分丰富、非常精彩的研究成果。这些历史的成果说明了战争的研究必须从整体论来进行，从全局来进行，只有这样才能给出合理的、科学的、有用的结论。例如从战争历史的研究，清晰的看到技术与战术、战役和战略的相互推动，相互制约的复杂关系。科学技术的进步迫使战术、战役、战略的改变，甚至是强制的改变，是指挥员不情愿的改变，甚至迫使老一代指挥员退出历史舞台，而诞生一批年青的新型指挥员。也看到作战需求对科学技术的强大牵引的推动。既看见战争给人民生活带来了巨大的损失，毁坏了生产和生活的物质基础，大量的人员的伤亡，又看见了战争推动技术的发展，使很多先进技术经过作战需要的牵引，成为军用技术在战争中锤炼，再转为民用，又成为改进人民生活推动物质生产的重要技术动力。现在连军队的战略、战役和战术原则也用于商业经济的竞争行为，军队的严密组织，优秀的协同，成为知名大企业的文化内涵之一。

历史上留下大量的军事著作，各种军事思想，有战略、战役及战术的原则，各种谋略、计策的谋划的规律，各种作战机构及部队的指挥军事训练，直到将帅的选择，指挥员的自身素质的培养等等，已形成比较完整的理论体系和实践的总结。这个历史上逐年积累的战争知识系统，是我们对作战研究中的重要的基础和财富。《孙子兵法》成为了经典的作战理论，为全世界所公认。在那远古时代，科学技术落后，就能做出至今仍然有效的作战理论，说明孙子的整体论思想之雄厚，对战争的全局与局部的关系把握之深刻，不愧为伟大的军事思想家。

从战争史的几个阶段，都产生了有关作战的理论著作，它是不同的历史，不同的阶段，不同的生产力水平，不同的文化和技术条件下，对作战的认识，有的就是那个时代战争的经验的验证和总结，包含了对作战的设想和设计，对当时的作战，武器装备的建设，技术的发展起了很大的作用。

公元前26世纪到公元9世纪，是冷兵器时代，公元前5世纪出现了《孙子兵法》，古希腊修若底斯的《伯罗奔尼撒战争史》，艾湟的《战术》，古罗马的弗尤庭的《谋略》等。公元10世纪前到17世纪，为冷兵器向热兵器过渡，并形成热兵器时代，有宋代的《虎钤经》，《武经总要》，明代的《武备至》，《记效新书》，清代的《戊笈谈兵》，《海国图志》。欧洲出现的一批作战条令[1]。

公元18世纪到20世纪，从热兵器向机械化兵器过渡，并形成机械化兵器时代，出现了更多的军事著作，有 A. H. 约来尼《战争艺术》，K. V. 克劳塞维茨的《战争论》，毛奇的《毛奇军事论文集》，福照的《战争原理》等[1]，特别是20世纪，工业革命使科学技术猛烈发展，装备发生了巨大变化，产生了一系列现代军事理论。毛泽东的军事思想，全面阐述了中国革命战争的军事理论，成为当代的重要的军事理论。

至今，进入了大规模杀伤武器的信息化时代，高技术装备不断出现，信息化引起了世界性的新的军事变革，军事理论研究进入了全新时期。在全球的军事变革时期，其中美军的作战理论发展较快，以联合作战理论，基于效果作战的理论，网络中心战的理论，军队转型的理论为突出代表，大力发展仿真实验，建立了多种类型的作战实验室，强化实兵的训练和演习，并不断的通过美军的实战来检验和修正，从而塑造信息时代军事力量的新模式。军事变革中的信息化，精确打击武器及一系列高新技术的装备的出现，必将推动作战理论的发展，作战样式的变化，引起作战系统组分及结构的变化，从作战系统的观点，重视信息在作战系统中的作用研究，重视高新技术对作战系统的演化规律研究，是作战系统重要的研究方向。

美国陆军上校杜派运用历史数据，做出了指数法的定量分析部队战斗力的方法，成为历史研究中的定量研究方法，对现实有一定的指导能力。

至今我们一切先进的研究方法，都需要整体的观点，运用历史的研究的战例来验证和分析，历史的分析方法的地位和作用不会因为现代科学技术方法而削弱，是应当更加加强。

6.1.2 依靠经验的研究方法

经验的方法是指研究者运用自己参加作战的实际经验，从事作战的研究。对于已长久没有作战实践的国家，经验研究方法被放宽为长期从事作战研究、作战准备、作战训练的人。运用自己工作中的经验，对作战进行研究的方法与历史方法相比，经验方法仍然要求系统论为指导，但它研究的对象是近几十年的作战，是对现实的作战活动的研究方法。限定为研究者自身具有实际的经验，担任过指挥员，在所研究的领域有自身的实践的工作体会和感受。当这条不能满足，我们退让到必需在各级参谋岗位上工作，具有战争准备，演习作业训练及与外军的交流的经验的研究者，研究中可以借鉴他人、他国的实践。具有战争经历而全部精力关注战争并从事作战研究的人，他的研究来源于作战实践，尤其是亲身的实践，比历史更靠近现实，其研究结果是非常宝贵的，所以这种方法称为经验方法，它是一种现实而有效的方法。其实很多历史上的战争名著，都是当时经验法的产物，载入了史册，成了历史上一个记录，供后人阅读，研究。

每次战前的作战准备的各过程的记录、文件；作战中的阵中日记；各级指挥机构的实战记录，各武器平台的运用记录；作战之后的总结，都是很好的资料，它不仅有具体的武器平台的战术经验，还有着指挥所中的战争及战役指挥的经验，并将战略、战役、战术的指挥各要素和装备、后勤等诸多的保障因素联系在一起，只要有正确的认识论作为指导，就能得出科学的结论。这些作战只隔十年，数十年，还谈不上历史，用经验总结的方法是十分有效的。

经验的方法容易实现，在作战的不同的层次，不同的水平上都可以实施，在总结、推广时，如果夸大了它的实用范围，会造成认识上的错误，避免这类的问题就应当将经验上升到理论，并经过验证，运用抽象，综合归纳和推理，将局部的经验推广到全局，成为作战系统的整体特性，这也是研究工作中的一种涌现性，这就避免了经中的局限性。

6.1.3 计算分析的方法

对作战的不同层次，不同阶段，采用抽象出其中数量的规律，建立用于计算的数学模型，通过计算，对作战进行研究的方法，称为计算分析方法。这种方法使用比较灵活，需要的投入少，如只需要计算机和相应的计算机的软件就可以实现，不像仿真的方法需要建立以计算机、各种物理效应设备构成需要完善的仿真软件支持的仿真系统。仿真是作战过程的模仿，是一种实验的方法，所以仿真实验研究与计算分析研究是不同的。但是数学模型是计算分析的核心也是仿真的核心之一，计算分析的模型都可能在仿真被采用，成为仿真中定量计算的一部分。现在计算分析方法规模较大时，计算分析方法之中也可能将仿真作为自己的子系统，当计算分析或仿真成为大型系统时，难以区分两者的界限，因此将它们放在一起称"仿真与科学计算"。

这里介绍的计算分析的方法是指仅建立数学模型，采用数值计算的方法求解，不是作战过程的比较全面的模拟。由于作战研究涉及到作战理论、作战方法、作战过程、作战装备、作战环境等多方面问题，在计算分析方法中有作战力量损伤，作战效果，作战武器性能等多方面的建模和计算分析，采用的方法有代数方程，微分方程，定性方程，网络拓扑，随机过程等多种数学工具，从系统动力学，控制论，人工智能等不同学科基础上进行上述工作。

（1）兰彻斯特战斗损耗规律

作战过程中双方的兵力怎样损失消耗，在 1914 年由英国的兰彻斯特提出，用一阶联合微分方程来描述，后经过很多专家的大量研究，内容和形式上有了很大变化，现在仍称为兰彻斯特战斗损耗方程。

设 $x(t)$ 为作战 t 时刻的甲方兵力

$y(t)$ 为作战 t 时刻的乙方兵力

兰彻斯特提出双方兵力的损耗率的微分方程为：

$$\frac{dx(t)}{dt} = F_x(x, y)$$

$$\frac{dy(t)}{dt} = F_y(x, y)$$

$F_x(x, y)$，$F_y(x, y)$ 是和双方兵力有关的函数，我们称为损耗率函数。$t = 0$ 时，$x(0) = N_{x0}$，$y(0) = N_{y0}$ 为作战开始双方兵力数。由于 $F_x(x, y)$ 和 $F_y(x, y)$ 的规律不同，产生了多种兵力损耗的规律[1]：

如果设双方的战斗是战术单位的战斗，双方兵力损耗为常量：

$F_x(x, y) = -\beta$，$F_y(x, y) = -\alpha$，α、β 为常数，称为损耗系数，这时双方兵力损耗为线性减少，称为兰氏第一定律方程，又称兰氏线性律方程。

如果设双方一次射击只击毁对方一个战斗单位，击毁后转移另一目标，双方射击能力与双方损耗的剩余兵力成正比，α，β 为损耗系数，

$F_x(x, y) = -\beta y(t)$，$F_y(x, y) = -\alpha x(t)$，称为兰氏方程平方律。

如果在上述假设下，火力不能任意转移，双方损耗有所减小，有

$$F_x(x, y) = -\beta y(t) \frac{x(t)}{N_{x0}}$$

$$F_y(x, y) = -\alpha x(t) \frac{y(t)}{N_{x0}}$$

称为兰氏第二定律。

其他　梯由曼建立了混合律兰氏方程，描述游击战双方损耗，有

$$F_x(x, y) = -\beta y(t) \frac{x}{N_{x0}}$$

$$F_y(x,y) = -\alpha x(t)$$

威斯——彼德森建立了对数律兰氏方程，描述了耗损与作战交火的时序有关，初期近于线性律，而后期接近平方律，有

$$F_x(x,y) = -\beta \ln y(t) \frac{x(t)}{N_{x0}}$$

$$F_y(x,y) = -\alpha \ln x(t) \frac{y(t)}{N_{y0}}$$

多种的兰氏方程变化都在对兵力损耗的原因进行了分析，给出了一些与作战样式，作战中兵力、火力运用的条件相关的损耗方式，以求符合实战的结果，并希望能适用于某一特定的作战过程。近期研究中还有将其推广到诸军兵种合同作战条件下，给出双方多军兵种的兰氏方程组；还有引入阶跃函数 $\delta(t)$，将离散的大杀伤力的打击因素引入兰氏方程之中。

兰彻斯特方程在作战耗损的研究上有重要的理论价值，用微分方程组动态说明作战演化过程中，给出了双方兵力下降的解的过程，展开分析了引起下降的主要因素——对方的火力打击，并将打击的量化与作战样式，作战的阶段，作战的战法等联系起来，做了大量的简化假设，给出了确定的解析表达式，当 $F_x(x,y)$，$F_y(x,y)$ 过于复杂时，找到解析解会有困难，但可以用数值解的方法进行计算。

兰彻斯特方程主要的缺点是，从本质上不能表示作战的复杂性，因而失去了作战中的涌现，另外把作战过程假设为一个连续过程，否定了作战中的各种事件的离散性。作为一种作战耗损定量分析的理论，不应过多苛求，只是应用者头脑要清醒：用于总结战例它是一种有效工具，用于预测则其风险很大，所以通常用于理论研究或教学研究中。

194

（2）系统动力学的方法

系统动力学是麻省理工学院福雷斯特（Jay. W. Forrester）教授于1956年开创的研究系统的方法。它是定量与定性结合的方法，把注意力集中在系统的结构分析上，并认为系统的结构模型正确与否是本方法成败的关键。首先，以定性的方法分析系统的结构，系统的内部各组分的因果关系，并特别注意多重关系中系统中整体及局部的反馈关系，构成反馈环路。它突出了系统的整体性，其次，将系统结构进行因果关系的量化，建立模型，其中包括非线性的各种问题，均可以建立模型。进而建立关系图和流程图，按照图形成系统动力学方程，这些方程是在定性分析指导下，建立的定量的数学模型。对模型与方程，对关系图要进行校核和验证，确认之后进行分析计算，对结果进行分析。修改模型和再次结果分析的过程可以进行多次，可以反复地进行，即不断修改，直到研究者认为满意为止。

这种方法，它不是作战过程的研究，而是从系统的整体找出系统中的关系的研究，所以对战略、战役的课题的定性及在定性指导下的定量分析比较合适，可以为制定战略、战役决策提供辅助。这种方法在系统的结构分析中要求给出正确的系统的各个关联的环节，并分析其动态的关系，因而也适合于寻找系统的薄弱环节，指出与薄弱环节关联的子系统和元素，并能定性和定量的说明它们发展趋势，提供了为决策者跟踪搜索合理的途径的方法。因而国外有用这种方法建立了师、旅级规模的作战行动模型，进行部队编制、作战方法、作战效果的研究。由于这种方法对系统分析时是依靠专家进行，必然受到专家的分析水平的限制。使用时，分析因素的多少，不易掌握选择，过少，不宜描述作战的复杂性情况；过多，不仅变量数量巨大，而且因果关系复杂，相互交错，反馈环大量增加，增加建立动力学方程的困难，使分析求解过程不能实现。

（3）定性的分析方法

定性的分析方法是采用常规的非定量数学的方法来对系统的结构、行为以及系统与环境，系统内部分之间的交换建立模型。由于建立模型不是数量化的模型，而是一种定性趋势的模型。人的认知过程是通过人的感官接受外界的信息，感受外界的各种变化，然后由人脑进行分析、对比、联想、判断、推理，得出人的感知，这个过程目前没有完全认识清楚，但可以肯定人不是一个数字输入系统，而是一个图形输入系统。人的眼睛是对图形和图像是偏爱的，实际上数字的表示也是一个图形，但几千个数字符号表示的信息和用这些数字生成的一条曲线，两者对人来说感受是完全不同的。人对曲线的接受十分自然的，它很快能得到这一条曲线的总的形态并一系列信息，如：趋势，波动是否大，有几个高峰，几个低谷，但同样的这批数字，人却不能马上给出上述的综合的整体的信息。所以用数量表述的各种知识，人们的接受要经过专门的训练才能掌握。

定性分析避开了定量，定量分析虽然得到数量上的精确解，但是对作战的研究是需要寻找它的发展规律，研究它将出现的突变，关注作战中的超出常规的认知的现象，定性方法也可以实现，甚至比定量方法要容易，可能性好。

定性方法是注重系统的整体性，符合作战系统历来注重整体的看问题和处理问题，在方法上，定性分析的方法是表述作战整体性的实用方法之一。

不采用计算机的定性分析是我国历代作战专家研究的主

要方法，这里不着重分析，这里重点是介绍以计算机分析和仿真的定性方法，这种方法产生于上世纪70—80年代，以美国的 XEROX 实验室的焦恩克莱尔（John de Kleer）和塞利·布劳思（Seely Brown）首先提出，美国麻省理工学院的福布斯（Kenneth D. Forbus），对定性仿真做了全面的总结，德州大学的库伯斯（Benjamin Kuipers）提出了定性算法 QSIM，使定性仿真接近于实用[3]。

定性仿真成了人工智能一个热点，目前定性仿真有诸多的研究成果。从研究方法上有，模糊仿真法，归纳推理法，非因果关系推理方法，因果关系推理方法，基于图表的推理方法，基于数据结构化建模方法，基于定性空间的推理方法[3][4]。

上述方法可以归纳为以下几大派别，即模糊仿真方法，基于归纳的学习推理方法和朴素的物理学方法[4]。

模糊数学的方法，可以解决模型的信息和数据的不确定性，成为定性方法的一种描述工具，从而形成定性仿真中的一个流派。英国的陈强（Qiang shen）进一步将其发展利用凸模糊数来描述定性值，并引入概率来度量生成多个行为的可信度，使模糊定性分析向前发展，其主要问题是怎样确定描述系统的模糊量，确定其模糊数。

归纳推理派是根据系统科学的理论，运用系统中的可以学习和推理的性质，掌握足够多的系统的案例及细节来建立系统的定性模型，由于运用学习的方法，对系统的真实数据进行学习建模，事先对系统的结构和模型的知识可以很少。

朴素的物理法发展比较成熟，来源于对朴素物理系统的定性推理研究，以 Seely Browm 和 John de kleer 为主的基于"流"的概念推理。除上述的三大派别外，还有 K. D. Forbus

定性论和 B. J. Kuipers 的基于约定的定性微分方程等方法。

6.2　作战研究的仿真方法

仿真是研究战争的有效方法，它可以研究战略问题，战役问题和战术问题。

它的仿真粒度可以有粗粒度，如师、团，也可以营、连，作战单元，武器系统，最细的粒度可以到单兵，单件装备，单个指挥岗位，复杂装备的每一个操作手，每一个战位。一般研究战略问题，仿真粒度到军，战役问题到师，战术问题到最小的粒度到单兵和单装。

仿真系统的区分有多种方法，仿真系统的规模由仿真的层次和粒度而定，如果在战略层，而粒度又细，那仿真系统规模就很大，例如战略层的联合指挥所的仿真系统具有参谋席位的粒度，这时联合指挥所仿真系统的规模就很大，而粒度只到中心，规模就小。而集团军仿真到营级作战单位，规模也较大。规模大的作战仿真系统，仿真作战单位多可达上万个，而一般的规模也达到数百个，较小规模为数十个作战单位。

人在环的仿真系统多数规模中等，如按建制或按编成实兵参加的仿真，采用分布式的计算机结构，都是中等规模以上的分布式交互式的仿真系统。装备论证研究用的作战仿真，有集中式，也有分布交互式，由于仿真的粒度不同，规模也不相同，中等规模具多。

6.2.1　简化复杂作战系统仿真的方法

（1）按作战的阶段，作战空间及研究的问题进行简化在复杂的作战系统中只研究一个局部问题，这样将大量的复杂关系简化或约去，只留下关心的主要问题，已简化的因素不影响所研究问题的主要规律，从而实现对作战的仿真研究。

按作战的阶段或作战时间进行简化，实际上只仿真作战中的某一阶段，将上一阶段末的实际作战情况或作战想定，作战计划，作为本阶段的输入，以本阶段的某一标志性的作战行为或时间作为本阶段仿真的结束。这种局部的仿真，由于初始条件离要所关心的作战问题近，仿真的累计时间不长，仿真的可控性好，对仿真的过程和结果的可信性比较容易分析，常常有较好的可信度。

按作战地域进行局部仿真，同时也缩小了参加仿真的部队的规模和编成，它是一种由空间缩小而引起参战规模缩小的局部仿真方法，它可以加细仿真粒度，使仿真的内容更丰富，例如集团军群的作战仿真中可分割为数个集团军在各自作战地域上的仿真，集团军的仿真可以分成主攻师，助攻师等师一级的作战仿真，作战全局中的部分作战力量的作战任务和作战地域为仿真初始条件，结束条件可以用作战任务的完成标志性行动或作战力量战损情况来约定。

例如渡海登陆作战是一个十分复杂的系统，它受昼夜、潮汐、海风、海浪的多重因素影响作战过程，红蓝双方作战中动用多种武器装备，我们只关心部队在突击上陆阶段主战装备的射击能力，这时就可做局部的仿真。我们将昼夜分为昼、夜两个时间分别仿真，潮汐因素在十几分钟之内可以不考虑，给予简化，但要给出当时潮汐时的岸滩长度，海风也简化为若干级，可以逐级的考虑，海浪如同海风也分成不同等级，逐级考虑。就可以再简化海浪的为一正弦波，它的频率、波长、振幅，由有多种符合实际的参数来确定，海风也确定风向和风速，而装备在上述确定的海上环境下，确定装备的航行速度，在这种战场环境简化的条件下，由真实的士兵，在具有逼真度的模拟器中完成射击仿真，研究海浪的性质，航速和射手水平与射击效果关系。这时这个射击仿真系统已经不是复杂系统，而是简单系统，它是作战系统中经过简化的一个局部简单系统。它的研究工作量是很大的，要把选择的昼夜、海风、海浪、射手水平、装备性能、目标性质、岸上及滩头的地形等因素都要安排，经过大量的试验之后，可以得到有益的和科学的结论，经过多次实兵演练的验证，是可以得到这个问题的比较全面的结论。

（2）系统全面简化的方法

作战系统经过局部简化之后，失去了战争的整体性，只能获得作战系统中的部分作战力量之间的关系，也可以得到部分作战力量和环境交换的部分信息，丢失了作战系统的整体性息，如红蓝双方谁获胜，就给不出结果。对于作战系统的整体研究就需要进行作战系统的全面简化，而不能用局部的简化的方法。

系统的简化要遵守作战系统的主要规律，对需要研究的整体性，不能经过简化后的，关心的性质消失了，这种简化就是不合理的，不能采用的，也就是说将目前不关心的系统整体性可以给予简化，在仿真中它将不再涌现，但关心的系统性质必须保留，而在系统的演化中能够涌现。由于简化的结果，仿真系统不再是复杂巨系统，退化为简单巨系统或简单系统，所以仿真结果中不会出现原系统丰富的复杂性，但是不确定性，非线性常常被保留一部分，宏观的总体趋势有可能保存下来。

例如集团军对抗系统，红蓝双方可有 600 多个作战子系统，几十种主战装备，在预定的地域，开展一场事先有计划的作战对抗，仿真中将人的指挥进行简化，以符合想定的比较合理的作战规则为准则，将指挥过程简化，形成一种仿真系统。作为规范的、简化指挥仿真，经过若干仿真周期后，得到了红蓝方谁胜谁负的总体效果，并产生了双方参战部队在不同时间中相互的作战效果，从而分析武器装备体系的对抗能力，相互威胁程度，作战的消耗等一系列系统所关心的问题，经过可信性分析，是可以作为作战研究的实用方法。

6.2.2 作战复杂系统仿真方法

这类方法要保存作战系统的复杂性，希望在能存在仿真研究中充分涉及到复杂系统的所有表现，从而为战争的复杂性研究找到实用的办法。

（1）人在环、实装在环的仿真

这种仿真系统中，装备以模拟器或部分实装的形式出现，它们一般都是简单系统，尽管有的装备很复杂，但建成的模拟器就已经简化，绝大部分模拟器已成了简单系统。而用于仿真系统中的实装只是一部分，这一部实装从装备中折下，嵌在模拟器中，为了提供人的真实工作环境或因为仿真技术上需要接口，也有在实装上嵌入部分仿真构件，这种结构基本上是简单系统。所以实装在环的仿真系统一般是简单系统，是可测、可控的仿真系统，不具备复杂性。进一步深入分析，如果模拟器中引入了智能仿真，目前智能仿真的水平不会很复杂，我们同样可以等同为简单系统。目前仿真模型有相当的非线性、不确定性模型，如概率的随机性等，一般仿真系统软件中要有所限制，使其不是一个作战的混沌系统。所以人在环系统设计中对其仿真器仿真系统的状态空间要有认真的分析，把仿真器和仿真系统控制在简单的解空间中，没有实兵进入之前的仿真系统，一般不要让它出现混沌状态。但是只要这种仿真系统有实兵参加，实兵成为仿真系统中不可缺少的环节，这种系统就是复杂系统，可能出现的混沌态。

这种仿真的复杂性的起因在"人在环"这个原因上，即真实的士兵、军官作为这个仿真岗位的操作者，进入仿真系统，人的复杂性也就进入了仿真系统，参加试验的军官、士兵，有着自己的情绪、经历、性格、知识、水平、训练程度等因素，对同样一个情况的处置，对同样一个信号的反应，各人都会不同。当较多的实兵在一起进行仿真时，它就会出现协同和竞争，同为一方红方，强调的协同，而对抗方强调的是对抗竞争，协同的一方就会有不同的协同水平，如一致性，快速性，准确性。而对抗双方就有抢先性，威胁性，形成你死我活的斗争状态，众多实兵参加的红蓝双方实兵对抗仿真的系统，在仿真进行的过程中，就会不断的涌现复杂系统具有的各种特性和表现。

人在环的仿真研究十分重视对参战人员的素质检测和实验中的控制，以保证引入复杂性的实兵环节有一定的约束范围，同时认真进行实兵仿真实验的设计，包含对抗想定的设计，各种对抗初始条件的设定，战场环境的设定，都应有严格的约束，要尽可能的符合实战的情况，以减少不良的影响因素，使试验结果科学合理，便于理解，便于应用。

用于教学训练的人在环系统，由于它的主要任务是进行教学，使学员在仿真系统中得到锻炼，比较强调的是战争过程时序合理性，保证因果关系的正确性。为了能实时，常常采用了比较简单的装备仿真模型，简化的毁伤模型及与作战行动关联的各种技术模型，因而仿真结果的总趋势合理，而具体数据并没有严格的可信性分析，训练仿真的结果数据经过严格的分析把关，有可能用于作战的研究。人在环、实装在环的作战仿真系统是从复杂性看最接近实战的仿真系统，它已不能用一般仿真系统的可信度方法来评测，因为它能提供了复杂系统的演化轨迹，会出现混沌态，由于它的特殊地位，我们要高度重视人在环的作战仿真系统。

（2）智能仿真的作战研究方法

在作战仿真中引进当前人工智能的成果，使仿真的软件具有一定的智能性，模仿作战人员的行为，这就是智能仿真的作战研究方法。

不是人在环的仿真系统，要想将作战过程仿真接近实战就一定要构造作战中人的模型。为了实现智能仿真，减少研究的难度，目前我们将作战中人的模型约束在人的行为模型上，而人的性格、感情、心理、顿悟等模型目前正在研究中，付诸实用的很少，但在人的行为模型目前有了较多研究，并有实际的应用。

人在战争中的行为可分为两大类，一类为操作行为，是指士兵和军官对武器、装备、指挥系统以及各种作战工具的操作和使用过程，包括控制装备在战场空间中机动，如太空，空中，海面，水下，陆地等的各种装备的运动控制；有武器的发射，侦察、通讯、电子战等装备的使用，保障装备的使用等等。这类行为的仿真容易实现，因为平时的训练已积累了大量装备使用的数据，而且每一种装备都有基本性能，有丰富的资料，多数都不是复杂系统，所以实现比较准确的操作仿真是可能的。第二类是决策行为，它是一个完整的认知过程，即它是从情况、信息输入开始，到产生人的决定的行为。各类决策问题基本过程是：军事决策者先了解情况，然后经过分析评估，想办法、出主意进行谋划，直到形成计划、方案，将计划、方案报上级批准，形成决心，再实施指挥控制。这就是情况收集、分析判断、生成决心、指挥控制四个阶段。这个决策过程中战斗行动决策，比较简单，过程短，耗时少，战略、战役的决策，过程长，耗时多。决策行为又分为单人决策和多人决策，单人决策如排长、连长、坦克车长、飞机驾驶员等，决策时不是多人协商，而是自己当机立断。另一种是多人决策，如指挥所，有首长及参谋，很多决策是在多人共同工作环境中形成，最后的关键的决策仍可能是单人决策，但事先、事后有专业参谋做了大量的基础工作，多人决策，有清晰的决策过程，因而决策的质量比较高。这两种决策行为的仿真是战争仿真系统的难点，在这个认知域中如能实现它们的相似规律，就能将作战仿真用于谋略，决心的研究。如果这一层较弱，仍有规律可依循，而操作行为仿真做得很合理，就可以用于武器装备体系的论证仿真。

决策仿真的核心问题是人的认知过程的仿真，它涉及知识的仿真，作战的战略、战役、战斗的每一层次中，其中的决策过程都有着相似的过程。从战略的角度看，战略侦察，战略判断，战略决策和计划，战略的实施[5]；在战役中同样是情报侦察，综合分析，决心计划，指挥控制[6]，而战斗中同样掌握情况，分析判断，定下决心，组织实施[7]。任何一个军事行动都是侦察感知，判断分析，定下决心，和实施行动。

美国空军上校约翰·彼德提出了OODA环的概念，用于信息战中的指挥过程的描述。在"沙漠风暴"的作战中得到肯定。最有意思的是，OODA 也用于公司企业的经营战略的制定也是结构重组的一种先进的方法，波音公司，IBM，CNN 等都采用。这说明了两点，一是人的认知过程是有规律的，四步阶段的划分是一种便于仿真研究的方法；二是人的认知是循环的，作战指挥的智能是动态的，需要不间断的、螺旋式的运动。而信息战的关键就是双方都要打破对方的这个认知环节，使对方的认知环节不能连贯，环节与环节的间隔加长，循环速度减慢，决策的质量降低，而自己的认知环节加快并高质量，这就是信息的对抗，这就是争取信息优势的量化。智能仿真要能实现这种作战复杂性的原因的仿真，就能在现代条件下，实现信息对抗下的作战复杂性研究。

（3）构造人工的复杂系统，实现作战仿真研究

人在环的方法可以构造人工的复杂系统进行仿真，但是战争的规模大，描述的粒度过细，参加一次仿真实验就要很多人。一个由实兵参加的坦克连作战仿真，进攻方一个坦克连就需要坦克乘员 3 个人，因为一连有十一辆坦克，每个坦克有车长，炮长，驾驶员三个乘员，还要有炮兵等兵种配合，防守方为一个步兵排，这样至少要 50—60 人才能进行坦克连实兵的仿真实验。如仿真的规模扩大到营，不仅要修建很多模拟器，实兵也要很多。国外就想办法，采用分布式，异地组网，各部队派人参加，这样就成了分布式网上演习，不管集中和分布所需要的实兵数目是很大的。动用人力也不是一件想做就做的事，从准备到实验，最后试验总结都是一件费人费时的工作。所以人在环的仿真从投资建设到人力投入都不容易做成大规模。即使成了规模，开展实验也比

较困难，不能想做马上就做。

为了实现复杂巨系统的仿真，应当构造一种仿真系统，它的组成元素的数量要足够的大，种类相当多，而且关系复杂，这种仿真系统在运行时，在没有实兵参加的条件下，自身已经能够产生复杂性的各种表现，它是一个人造的复杂系统。

设计人造的作战复杂系统时，要有明确的仿真目标，因为现实的作战是不具重复性和可逆性的，也就是在战争的每一时刻，每一事件，每一个具体过程以及它们的相互关系是不可能有一一对应的仿真，为使战争系统和人造的复杂仿真系统具有相似性，就必须在构造仿真系统时，有目的的进行设计，使人造仿真系统在某一个研究域内，在某一些功能和性能上与真实战争系统有相似性，从而保证仿真系统的运行和研究能有价值。

人造的作战仿真系统一般应当有智能仿真，当然也可以有部分岗位开放为人在环情况，但大多数或全部应当是建立人的模型，模仿人在战争中的智能行为，由于战争中的态势，谋略和决策还是有一定的规律可循，对人的作战中的行为仿真仍有一定规律可依，所以这种仿真是有可能实现的。

复杂系统的仿真可信性怎样研究，怎样保证，这是复杂系统仿真的重要问题，也是仿真中的新问题。可信性有一种理解是：仿真与仿真目的的吻合程度，这是一种以仿真目的为主的主观定义。我的观点，仿真的可信性要定义在仿真系统的相似性基础上，即在所研究的领域内，仿真系统与真实系统的相似程度是仿真可信性的基础，然后再研究仿真的目的是否有可信的保证，这样以求仿真的结果能科学地、合理地达到仿真的目的，没有系统的相似性就没有仿真结果的可信性。

仿真结果是仿真研究部门提交给使用部门最重要的成果，它的可信性并不是到仿真结果时才关注，而是从仿真一开始就要紧紧抓住可信性这样一个要求，因而构建仿真系统要有相似性分析，准备仿真实验方案要有可行性分析，作战的各种边界数据，各种实力数据，装备性能，战场数据以及指挥规则，都要逐一的分析其可信性，能给出定量偏差的要给出定量偏差，不能给出量的偏差要给出定性的偏差，以分析复杂的仿真出现的各种非线性，涌现出的新性能，科学合理解释作战中突变和自组织表现等各种现象。因为战争不是一个确定性方程，确定性的方程有的有解析解，确定性方程仿真结果可以用解析解当真值一一比对，战争的解是不确定的，是会出现混沌状态的，所以仿出的结果每次均不相同，就要耐心，细致地做可信性分析，直到自己认为满意，专家可以认同，负责任的提交试验结果。

由于仿真系统已进入复杂性，仿真的实验的每一次都可能出现我们所预料之外的涌现性，此时的系统不能只用常规的正确与错误，真值与测试值等确定性系统的观念来评价，系统的突变，涌现表现了复杂的众多个体的相互作用会产生出质的变化，会产生认识上的飞跃，也就是战争中的突变，这种突变可能是战争中的转折点，是双方战争能力的对抗中出现新的形态，也可能是战争双方非线性引发的复杂的混沌状态的一种表现。涌现性还会表现在战争仿真中的其他的状态变量的变化特性上出现作战系统元素，子系统所不具备的新形态。总之此时的系统的每时每刻产生的数据，有的是未来战争中有可能出现的相似物，有的因为人造复杂系统的超现实性，它在实际战争中不会发生的并没有意义的行为。

它不能用简单的正确与错误，真值与测定值就能区分和判断，它应当从战争的涌现规律及战争复杂性的特点去分析，从中得到正确的结论，得到对未来战争的特点有十分有价值的涌现结果，也可能出现毫无用处的垃圾数据，我们要能识别，并给予总结，这是一件十分艰巨的工作，要有相当的复杂性理论的功底。

由于进入复杂性仿真，仅一次仿真是不够的，这不是为了满足统计规律而要多次，而是系统可能出现混沌，每一次只是混沌极多解中的一个解。从而不可能得到如同简单问题那样的确定解。现代作战不仅时间短，强度大，战术行为对战役乃至战争全局会引起很大的变化，所以这种非概率非模糊非粗糙的由复杂性突变引起的不确定性，是我们的关注点。它多种多样，对作战指挥员，对每次仿真就是一次经历，但多次相同初始条件下的作战仿真的多种完全不同的经历，才能将在一定的初始条件下的这次作战得到比较全面的认识，获得了可能发生的多种情况。复杂性的仿真，每次都有它的个性，个性就是一次作战仿真系统的演化过程，它具有与真实战争的相似性，因而多次的仿真不是出自统计目的，而是为了多经历、多次演化的目的。

当作战样式变化，或者样式不变而初始条件的变化，就会从复杂作战仿真系统中得到众多战争的景象，它们任何一次都不是未来战争的预演，也不是预报，而是人造的作战仿真系统的复杂的演化的一个例程。我们通过对这些演化过程及结果分析，来寻求指导未来战争的规律，寻找它们的相似点，相似的过程，相似的因果关系，相似的制约关系，相似的竞争关系，相似的协同关系等。

参考文献

208

[1]中国人民解放军总参谋部装甲兵局.作战理论基础.解放军出版社，1988，9

[2]张野鹏.作战模拟基础.高等教育出版社，2004，9

[3]白方周.定性仿真及应用.系统仿真学报，2004，2

[4]白方周，张雷.定性仿真导论.中国科技大学出版社，1998，10

[5]王文荣.战略学.国防大学出版社，1999，5

[6]王厚卿，张兴业.战役学.国防大学出版社，2000，5

[7]杨志远，彭燕眉.战术学.军事科学出版社，2002，7

图书在版编目（CIP）数据

系统论与作战复杂性/王精业编著. —济南：黄河出版社，2008，6

ISBN 978－7－80152－972－5

Ⅰ.系… Ⅱ.王… Ⅲ.系统科学—应用—作战 Ⅳ.E83

中国版本图书馆 CIP 数据核字（2008）第 095857 号

书　名	系统论与作战复杂性	
著　者	王精业	
出　版	黄河出版社	
发　行	黄河出版社发行部	
	（济南市英雄山路 21 号　250002）	
印　刷	山东和平商务有限公司	
规　格	880×1230 毫米　　32 开本	
	7 印张　　157 千字	
版　次	2008 年 6 月第 1 版	
印　次	2008 年 6 月第 1 次印刷	
印　数	1—5000 册	
书　号	ISBN 978－7－80152－972－5/C·21	
定　价	26.00 元	